L'ADOLESCENCE CLEMENTINE.

AVLTREMENT

Les Oeuures de Clement Marot, de Cahors en Quercy, Valet de chambre du Roy, faictes en son adolescence, auec aultres œuures par luy composees depuis sa dicte adolescence, reueues & corrigees selon sa derniere recongnoissance.

Et ne sont en ce present liure autres meschantes œuures mal cõposees, que on impose estre du dict acteur, les quelles il reprouue & desauoue, cõme il appert par le priuilege par luy obtenu pour ceste presente impression L'an M.D.XXXIIII.

On les vend a Paris deuant l'eglise saincte Geneuiefue des Ardens, Rue neufue nostre Dame, A l'enseigne du Faulcheur.

Auec priuilege pour trois ans.

1534.

N. Beraldus, in Clementis Adolescentiam.

Hi sunt Clementis iuueniles, aspice, Lusus,
Sed tamen his ipsis est iuuenile nihil.

Petrus Brissetus in Maroti Adolescentiam.

Quæ cecinit iuuenis iuuenili mente Marotus,
Testantur qualis Musa senilis erit.

Go. Torinus Biturigicus, Impressor Regius, in eundem, ad lectorem.

Vis lauros, cypriasq; comas, charitesq;, iocosq;?
Inde sales etiam nosse? Marotus habet.

Le priuilege.

IL est permis a Pierre Roffet, dict le Faulcheur, marchant Libraire demourant a Paris faire imprimer ce present liure intitulé L'adolescence Clementine, composé par Clement Marot valet de chãbre du roy, ensemble certains autres petitz traictez dudict Autheur. Et sont deffenses faictes a tous autres Libraires & Imprimeurs de ne les imprimer, ne vendre d'autre impression que de la presente, iusques a trois ans exclus, sur peine d'amende arbitraire, & cõfiscation des liures qui seront trouuez auoir este imprimez au preiudice dudict Roffet, & de son priuilege.

CLEMENT MAROT A VNG grant nombre de freres qu'il a, tous enfans d'Apollo, Salut.

IE ne ſcay (mes treſchers freres) qui m'a plus incité a mettre ces miennes petites ieuneſſes en lumiere, ou voz continuelles prieres, ou le deſplaiſir q̃ i'ay eu d'en ouyr cryer & publier par les rues vne grãde partie toute incorrecte, mal imprimee, & plus au prouffit du libraire, qu'a l'honneur de l'Autheur. Certainement toutes ces deux occaſions y ont ſeruy, mais plus celle de voz prieres. Puis doncques que vous eſtes cauſe de l'euidence de l'oeuure, ie ſuis d'aduis ſ'il en vient blaſme, que la moytié en tumbe ſur vous: & ſ'il en ſort (d'aduenture) honneur ou louenge, que vous ne moy n'y ayons rien, mais celluy a qui ſeul eſt deu honneur & louenge. Ne vous chaille (mes freres) ſi la courtoyſie des lecteurs ne nous excuſe, le tiltre du liure nous excuſera. Ce ſont œuures de ieuneſſe, ce ſont coups d'eſſay, ce n'eſt (en effect) autre choſe qu'ung petit Iardin que ie vous ay cultiué de ce que i'ay peu recouurer d'arbres, d'herbes, & fleurs de mon printemps, la ou (toutesfois) vo⁹ ne verrez vng ſeul brin de ſoucye. Liſez hardimẽt, vo⁹ y trouuerez quelque delectatiõ, & en certains endroictz quelque peu de fruict. Peu dis ie, pource qu'arbres noueaulx entez ne ꝑduiſẽt pas fruictz de trop grande saueur. Et pource qu'il n'y a iardin ou ne se puisse rencontrer quelque herbe nuysante, ie vous supply (mes freres, & vous autres nobles lecteurs) si aucun mauuais Exemple (d'aduenture en lisant) se presentoit a voz yeulx, que vous luy fermez la porte de voz volentez, & que le pis que vous tirerez de ce liure, soit passe tẽps, esperant de brief vous faire offre de mieulx: & pour arres de ce mieulx, desia ie vous mectz en veue (a la fin de L'adolescence) ouurage de meilleure trempe, & de plus polie estoffe. mais L'adolescence ira deuant, & la cõmencerons par la premiere Eglogue des Buccoliques Virgilianes, trãslatee (certes) en grande ieunesse, comme pourrez en plusieurs sortes congnoistre, mesmement par les couppes feminines que ie n'obseruois encor alors, dont Ian le Maire de Belges (en les m'apprenant) me reprint. Et a Dieu freres tresaymez, lequel ardẽmẽt ie supplye vous donner & cõtinuer sa grace. De Paris ce douziesme iour d'Aoust M. D. X X X I I.

La mort n'y mord.

L'ADOLESCENCE CLEMENTINE,

C'est assauoir les Oeuures Poetiques que Clemēt Marot de Cahors en Quercy, Valet de chambre du Roy, composa en l'aage de son Adolescence.

Et premierement

La premiere Eglogue des Buccoliques de Virgile, translatee de Latin en Françoys.

Melibeee.

Oy Tityrus gisant dessoubz L'ormeau,
Large & espays, du petit Chalumeau
Chantes chansons rusticques en beaulx chantz,
Et nous laissons (maulgre nous) les doulx champs
Et noz pays. Toy oysif en l'ombraige
Faiz resonner les forestz, qui font raige
De rechanter apres ta Chalumelle,
La tienne amye Amaryllis la belle.

Tityrus.

O Melibee mon bon amy parfaict,
Vng Dieu fort grant, ce bien icy m'a faict.

Lequel aussi tousiours mon Dieu sera,
Et bien souuent son riche autel aura
Pour sacrifice vng aigneau le plus tendre,
Qu'en mõ trouppeau pourray choisir & prẽdre.
Car il permect mes brebis venir paistre
(Cõme tu voys) en ce beau lieu champaistre,
Et que ie chante en mode pastouralle
Ce que vouldray de ma fleuste ruralle.

Melibee.

Ie te promectz que ta bonne fortune
Dedans mon cueur ne mect enuie aucune.
Mais m'esbahys comme en toutes saisons
Malheur nous suyt en noz champs & maisons.
Ne voys tu point (gentil berger) helas?
Ie tout malade, & priué de soulas,
D'ung lieu loingtain meine cy mes cheurettes
Acompaignees d'aigneaulx & brebiettes:
Et (qui pis est) a grant labeur ie meine
Celle que voys tant meigre en ceste plaine,
Laquelle estoit la totalle esperance
De mon trouppeau, Or n'y ay ie asseurance,
Car maintenant (ie te promectz) elle a
Faict en passant pres de ces couldres la
Qui sont espays, deux gemeaulx aignelletz
Qu'elle a laissez (moy contrainct) tous seuletz,
Non dessus l'herbe, ou aucune verdure,
Mais tous tremblans dessus la pierre dure.

Ha Tityrus(si i'eusse esté bien saige)
Il me souuient que souuent par presaige,
Chesnes frappez de la fouldre des cieulx,
Me predisoient ce mal pernicieux.
Semblablement la sinistre corneille
Me disoit bien la fortune pareille.
Mais ie te pry Tityre compte moy
Qui est ce dieu qui t'a mis hors d'esmoy?

Tityrus.

Ie sot cuydoys que ce que lon dit Rõme,
Fust vne ville ainsi petite comme
Celle de nous, la ou maint aignellet
Nous retirons, & les bestes de laict.
Mais ie faisois semblables a leurs peres
Les petitz chiens, & aigneaulx a leurs meres
Acomparant (d'imprudence surpris)
Chose petite a celle de grant pris,
Car(pour certain)Rõme noble & ciuile
Lieue son chef par sus toute autre ville,
Ainsi que font les grans & haultz Cyprés
Sur ces buyssons que tu voys icy pres.

Melibee.

Et quelle cause si grande t'a esté
D'aller veoir Romme?

Tityrus.

Desir de liberté,
Laquelle tard toutesfois me vint veoir,
Car ains que vint, barbe pouoys auoir.

Si me veit elle en pitie bien expres,
Et puis ie l'euz assez long temps apres.
C'est assauoir, si tost qu'euz accoinctee
Amaryllis, & laissé Galathee.
Certainement ie confesse ce poinct,
Que quant i'estoys a Galathee ioinct,
Aucun espoir de liberté n'auoye,
Et en soucy de bestail ne viuoye.
Voire, & combien que maintesfois ie fisse
De mes trouppeaux a noz dieux sacrifice,
Et nonobstant que force gras formage
Se feist tousiours en nostre ingrat village,
Ce neantmoins iamais iour de sepmaine
Ma main chez nous ne s'en retournoit pleine.

Melibee.

O Amarylle, moult ie m'esmerueilloys,
Pourquoy si triste les dieux tu appelloys.
Et m'estonnoys pour qui d'entre noz hommes
Tu reseruoys en l'arbre tant de pommes.
Tityre lors n'y estoit (a vray dire)
Mais toutesfois (o bien heureux Tityre)
Les pins treshaulx, les ruisseaulx qui couloient,
Et les buissons adoncques t'appelloient.

Tityrus.

Qu'eusse ie faict? sans de chez nous partir,
De seruitude ie n'eusse peu sortir,
N'ailleurs qu'a Rome n'eusse trouué des dieux
Si a propos, ne qui me duyssent mieulx.

La (pour certain) en estat triumphant
O Melibee, ie vy ce ieune enfant
Au loz de qui nostre Autel par coustume
Douze foys l'an en sacrifice fume,
Certes c'est luy, qui premier respondit
A mes requestes, & en ce point me dit.
Allez Enfans, menez paistre voz Beufz
Comme deuant, ie l'entends, & le veulx,
Et faictes ioindre aux vaches voz thoureaux.

Melibee

Heureux Vieillard sur tous les Pastoureaux,
Doncques tes champs par ta bonne aduenture
Te demourront, & assez de pasture,
Quoy que le Roc d'herbes soit despoillé,
Et que le Lac de bourbe tout soillé,
Du ionc lymeux couure le bon herbage,
Ce neantmoins le mauuais pasturage
Ne nourrira iamais tes brebis pleines.
Et les trouppeaulx de ces prochaines plaines
Desormais plus ne te les gasteront,
Quant quelque mal contagieux auront.
Heureux Vieillard, desormais en ces prees
Entre ruisseaux & fontaines sacrees
A ton plaisir tu te refraischiras.
Car d'ung coste, ioignant de toy auras
La grant closture d'une saulsaye espesse
La ou viendront menger la fleur sans cesse
Mouches a miel, qui de leur bruyt tant doulx

Te inciteront a sommeil tous les coups.
De l'autre part, sur vng hault roc sera
Le Rossignol, qui en l'air chantera.
Mais ce pendant, la Palumbe enrouee
La Tourtre aussi de chasteté louee
Ne laisseront a gemir sans se taire
Sus vng grant Orme, & tout pour te complaire.

Tityrus.

Doncques plustost, Cerfz legiers & cornuz
Viuront en L'air, & les poissons tous nudz
Seront laissez de leurs fleuues tariz,
Plustost boyront les Parthes Araris
Le fleuue grant, & Tigris Germanie,
Plustost sera ma personne bannie
En ces deux lieux, & leurs fins & limites
Circuiray a iournees petites
Auant que cil, que ie t'ay racompté,
Du souuenir de mon cueur soit osté.

Melibee.

Las & nous autres irons sans demouree
Vers le pays D'affrique l'alteree.
La plus grant part en la froide Scythie
Habiterons, ou irons en Parthie
Au fleuue Oaxe, impetueux de Crete.
Puys qu'en ce point Fortune le decrete.
Finablement viendrons tous esgarez
Vers les Angloys du monde separez.
Long temps apres, ou auant que ie meure,

Verray ie point mon pays & demeure,
Ma pouure loge aussi faicte de chaulme?
Las s'il aduient qu'en mont petit royaulme
Reuiengne encor, ie le regarderay,
Et des ruines fort ie m'estonneray.
Las fauldra il qu'ung gendarme impiteux
Tienne ce champ tant culte & fructueux?
Las fauldra il qu'ung barbare estranger
Cueille ces bledz? O en quel grant danger
Discorde a mis & pasteurs & marchans?
Las pour qui est ce, qu'auons semé noz champs?
O Melibee, plante arbres a la ligne,
Ente Poyriers, mectz en ordre la Vigne.
Las & pour qui? Allez iadis heureuses,
Allez brebis, maintenant malheureuses.
Apres cecy de ce grant crueux tout vert,
La ou souuent me couchoys a couuert,
Ne vous verray iamais plus de loing paistre,
Vers la montaigne espineuse & champaistre.
Plus ne diray chansons recreatiues,
Ne dessoubz moy, pouures Cheures chetiues
Plus ne paistrez le Treffle florissant,
Ne l'aigre fueille au Saule verdissant.

Tityrus.

Tu pourras bien (& te pry' que le vueilles)
Prendre repos dessus des vertes fueilles
Auecques moy, ceste nuyct seulement.
I'ay a soupper assez passablement,

Des pômes doulces, tout plain de bon formage
Chastaignes molles, auec force laictage,
Et puis des villes les cheminees fument,
Desia le feu pour le soupper allument.
Il s'en va nuyct, & des haultz montz descendent
Les grandes vmbres, qui parmy l'air s'espãdent.

Fin de la premiere Eglogue des Buccoliques de Virgile.

Le Těple de Cupido, & la Queste de ferme amour.

Vr le Primtemps, que la belle Flora
Les champs couuers de diuerse flour a,
Et son amy Zephyrus les esuente,
Quant doulcement en l'air souspire & vente,
Ce ieune enfant Cupido Dieu d'aymer,
Ses yeulx bandez commanda deffermer
Pour contempler de son throsne celeste
Tous les Amans qu'il attaint & moleste.
Adonc il veit au tour de ses charroys,
D'ung seul regard, maintz victorieux Roys,
Haulx Empereurs, Princesses magnifiques
Laydes & laydz, visaiges deifiques

Filles & filz, en la fleur de ieunesse
Et les plus forts subiectz a sa haultesse.
Brief, il congneut, que toute Nation
Ployoit soubz luy, comme au vent le syon.
Et qui plus est, les plus souuerains Dieux
Veit tresbucher soubz ses dardz furieux.
Mais ainsi est, que ce cruel enfant,
Me voyant lors en aage triumphant,
Et m'esiouyr entre tous ses souldardz,
Sans point sentir la force de ses dardz,
Voyant aussi que en mes oeuures & dictz
Ie allois blasmant d'amours tous les edictz,
Delibera d'ung assault amoureux
Rendre mon cueur (pour vne) langoreux.
Pas n'y faillit: car par trop ardante ire
Hors de sa trousse, vne sagette tire
De boys mortel, empenné de Vengeance,
Portant vng fer forgé par desplaisance
Au feu ardent de rigoureux Refus.
Laquelle lors (pour me rendre confus)
Il deschargea sur mon cueur rudement.
Qui lors congneust mon extreme torment
Bien eut le cueur remply d'inimytie.
Si ma douleur ne l'eust meu a pitie:
Car d'aucun bien ie ne fuz secouru
De celle la, pour qui i'estoys feru.
Mais tout ainsi que le doulx vent Zephyre
Ne pourroit pas fendre marbre ou Pourphyre,
Semblablement mes complainctes & criz

Mon doulx parler, & mes humbles escriptz
N'eurent pouuoir d'amollir le sien cueur
Qui contre moy lors demoura vainqueur.
Dont congnoissant ma cruelle Maistresse
Estre trop forte & dure forteresse
Pour Cheuallier si foible que i'estoie,
Voyant aussi que l'amour ou iectoie
Le mien regard, portoit douleur mortelle,
Deliberay si fort m'eslongner d'elle,
Que sa beaulté ie mettroys en oubly,
Car qui d'amours ne veult prendre le ply,
Et a desir de fuyr le danger
De son ardeur, pour tel mal estranger
Eslongne soy de la dame ou personne,
A qui son cueur enamouré se donne.
Si feiz deslors (pour plus estre certain
De l'oublier) vng voyage loingtain.
Car i'entreprins, soubz espoir de lyesse,
D'aller chercher vne haulte Deesse
Que Iuppiter de ses diuines places
Iadis transmist en ces regions basses
Pour gouuerner les esperitz loyaulx,
Et resider es dommaines Royaulx:
C'est Ferme Amour, la dame pure & munde
Qui (long temps a) ne fut veue en ce monde.
Sa grant bonté me feit aller grant erre
Pour la chercher en haulte Mer & Terre
Ainsi que faict vng Cheualier errant,

Et tant allay celle dame querant,
Que peu de temps apres ma departie,
Ie circuy du monde grand partie,
Ou ie trouuay gens de diuers regrad,
A qui ie dis, Seigneurs, ſi Dieu vous gard:
En ceſte terre auez vous point congnu
Vne pour qui ie ſuys icy venu?
L'arbre d'honneur, la chaſte columbelle,
Fille de Paix, du monde la plus belle
Qui Ferme Amour ſ'appelle? Helas Seigneurs
Si la ſçauez, ſoyez m'en enſeigneurs.
Lors l'ung ſe taiſt, qui me phantaſia.
L'autre me deit, Mil ans ou plus y a,
Que d'Amour Ferme en ce lieu ne ſouuint.
L'autre me dit, Iamais icy ne vint.
Dont tout ſoubdain me prins a deſpiter,
Car ie penſois que le hault Iuppiter
L'euſt de la terre en ſon Throſne rauie.
Ce neantmoins, ma penſee aſſouuie
De ce ne fut, touſiours me preparay
De pourſuyuir: & ſi deliberay
Pour rencontrer celle dame pudique,
De m'en aller au temple Cupidique,
En m'eſbatant: car i'euz en eſperance
Que la dedans faiſoit ſa demourance.
Ainſi ie pars, de aller me diligente,
Par vng matin, que Aurora la fulgente
Vient preparer les clartez diurnes,

En dechassant les tenebres nocturnes.
Le droit chemin assez bien ie trouuoye,
Car ça & la, pour adresser la voye
Du lieu deuot, les passans Pelerins
Alloient semant Roses & Rommarins,
Faisans de fleurs mainte belle montjoye
Qui me donna aucun espoir de ioye.
Et d'autre part, rencontray sur les rangs
Du grant chemin, maintz pelerins errans
En souspirant, disans leur aduenture
Touchant le fruict d'amoureuse pasture:
Ce qui garda de tant me soucier,
Car de leur gre vindrent m'associer,
Iusques a tant que fuz prest d'estre entré
En la maison du beau Dieu Pharetré,
Fainct a plusieurs, & aux autres loyal.
Or est ainsi que son Temple Royal
Suscita lors mes ennuyez espritz:
Car enuiron de ce diuin pourpris
Y souspiroit le doulx vent Zephyrus,
Et y chantoit le gaillard Tityrus,
Le grant Dieu Pan, de par ses pastoreaulx
Gardans brebis, beufz, vaches & thoreaulx
Faisoit sonner chalumeaulx, cornemuses
Et flageolletz, pour esueiller les Muses,
Nymphes des boys, & Deesses haultaines
Suyuans iardins, boys, fleuues, & fontaines,
Les oysselletz par grant ioye & deduyt

De leurs gosiers respondent a tel bruyt.
Tous arbres sont en ce lieu verdoyans,
Petitz ruysseaulx y furent vndoyans,
Tousiours faisans au tour des Prez herbuz
Vng doulx murmure: & quant le cler Phebus
Auoit droit la ses beaulx rayons espars,
Telle splendeur rendoit de toutes pars
Ce lieu diuin, que aux humains bien sembloit
Que terre au ciel de beaulte ressembloit,
Si que le cueur me dict par preuidence
Ce hault palais estre la residence
De Ferme Amour, que ie queroye alors,
Parquoy voyant de ce lieu le dehors
Estre si beau, Espoir m'admonnesta
De poursuyuir, & mon corps transporta
(Pour rencontrer ce que mon cueur poursuyt)
Pres de ce lieu, basty comme s'ensuyt.

Description du Temple de Cupido.

CE temple estoit vng clos flory Verger
Passant en tout le val delicieux
Au quel iadis Paris ieune Berger
Pria d'amours Pegasis aux beaulx yeulx.
Car bien sembloit, que du plus hault des cieulx
Iuppiter fust venu au mortel estre
Pour le construire, & le faire tel estre:
Tant reluysoit en exquise beaulte.
Brief on l'eust prins pour Paradis Terrestre

Se Eue & Adam dedans eussent esté.
Pour ses armes, Amour cuysant
Porte de gueules a deux traictz,
Dont l'ung ferré d'or tresluysant,
Cause les amoureux attraictz.
L'autre, dangereux plusques tres,
Porte vng fer de plomb mal couché,
Par la poincte toute rebouché,
Et rend l'amour des cueurs estaincte.
De l'ung fut Apollo touché,
De l'autre Daphné fut attaincte.
Si tost que i'euz l'escusson limité,
Leuay les yeulx, & promptement ie vis
Du grant portail sur la sublimité
Le corps tout nud, & le gracieux vis
De Cupido, lequel pour son deuis
Au poing tenoit vng Arc riche tendu,
Le pied marché, & les bras estendu,
Prest de lascher vne fleche aguysee
Sur le premier, fust fol, ou entendu,
Droit sur le cueur, & sans prendre visee.
La beaulte partant du dehors
De celle maison amoureuse,
D'entrer dedans m'incita lors,
Pour veoir chose plus sumptueuse.
Si vins de pensee ioyeuse,
Vers bel Accueil le bien apris,
Qui de sa main dextre m'a pris,

Et par vng frot estroict sentier
Me feit entrer au beau pourpris,
D'ont il estoit premier Portier.
Le premier huys, de toutes fleurs vermeilles
Estoit construict, & de boutons yssans,
Signifiant que ioyes non pareilles
Sont a iamais en ce lieu florissans.
Celluy chemin tindrent plusieurs Passans,
Car Bel Accueil en gardoit la barriere,
Mais Faulx Danger gardoit sur le derriere
Vng portail faict d'espines & chardons,
Et dechassoit les Pelerins arriere
Quant ilz venoient pour gaigner les pardons.
Bel Accueil ayant robbe verte,
Portier du Iardin precieux,
Iour & nuyct laisse porte ouuerte
Aux vrays Amans & gracieux,
Et d'ung vouloir solacieux
Les retire soubz sa baniere,
En chassant sans grace pleniere
(Ainsi comme il est de raison)
Tous ceulx qui sont de la maniere
Du faulx & desloyal Iason.
Le grant Autel est vne haulte Roche,
De tel vertu, que si aucun Amant
La veult fuyr, de plus pres s'en approche,
Comme L'acier de la pierre d'Aymant,
Le ciel au Poisle est vng Cedre embasmant,

Les cueurs humains, du quel la largeur grande
Coeuure L'autel. Et la (pour toute offrande)
Corps, cueur, & biens a Venus fault liurer.
Le corps la ſert, le cueur grace demande,
Et les biens font grace au cueur deliurer.
De Cupido le Diadeſme
Eſt de Roſes vng chappellet,
Que Venus cueillit elle meſme
Dedans ſon iardin verdelet,
Et ſur le Primtemps nouuellet
Le tranſmiſt a ſon cher enfant,
Qui de bon cueur le va coyffant.
Puys donna (pour ces Roſes belles)
A ſa Mere vng Char triumphant,
Conduict par douze Colombelles.
Deuant L'autel, deux Cyprés ſinguliers
Ie vey florir ſoubz odeur embaſmee.
Et me diſt on, que c'eſtoient les pilliers
Du grant Autel de haulte Renommee.
Lors mille oyſeaulx d'une longue Ramee
Vindrent voller ſur ces vertes courtines,
Preſtz de chanter chanſonnettes diuines.
Si demanday, pourquoy la ſont venuz.
Mais on me diſt, Amy, ce ſont Matines
Qu'ilz viennent dire en l'honneur de Venus.
Deuant L'ymage de Cupido
Bruſloit le brandon de Deſtreſſe,
Dont fut enflammee Dido,

Byblis, & Helene de Grece.
Iehan de Mehun, plain de grant saigesse,
L'appelle (en termes sauoureux)
Brandon de Venus rigoreux,
Qui son ardeur iamais n'atrempe:
Toutesfois au Temple amoureux
(Pour lors) il seruoit d'une Lampe.

Sainctes & sainctz, qu'on y va reclamer,
C'est, Beau parler, Bien celer, Bon raport,
Grace, Mercy, Bien seruir, Bien aymer,
Qui les Amans font venir a bon port,
D'autres aussi, ou pour auoir support.
Touchant le faict d'amoureuses conquestes,
Tous pellerins doibuent faire requestes,
Offrandes, veuz, prieres & clamours,
Car sans ceulx la, lon ne prend point les bestes
Qu'on va chassant en la forest d'amours.

Chandelles flambans ou estainctes
Que tous amoureux pellerins
Portent deuant telz sainctz & sainctes,
Ce sont bouquetz de Rommarins.
Les Chantres, Lynotz & Serins,
Et Rossignolz au gay couraige,
Qui sur buyssons du vert boscaige,
Ou branches en lieu de pulpitres,
Chantent leur ioly chant ramage,
Pour Versetz, Respons, & Epistres.

Les vitres sont de cler & fin Crystal

O u painctes ſont les Geſtes auctentiques
D e ceulx qui ont iadis de cueur loyal
B ien obſerué D'amours les loix antiques.
E n apres ſont les treſſainctes Reliques
C arcans, Aneaulx, aux ſacrez tabernacles
E ſcuz, Ducatz dedans les clos obſtacles,
G rãs chaines d'or dõt maint beau corps eſt ceinct
Q ui en Amours font trop plus de miracles,
Q ue Beau Parler ce treſglorieux ſainct.
Les voultes furent a merueilles
O uurees ſouuerainement:
C ar Priapus les feit de treilles
D e fueilles de vigne & ſerment.
L a dependent tant ſeulement
B ourgeons & raiſins a plaiſance,
E t pour en planter abondance
B ien ſouuent y entre Bacchus,
A qui Amour donne puyſſance
D e mettre guerre entre baz culz.
Les cloches ſont Tabourins, & Doulcines,
H arpes, & Lucz, inſtrumens gracieux,
H aulboys, Flageolz, Trompettes & Bucines,
R endans vng ſon ſi tres ſolacieux,
Q u'il n'eſt ſouldart tant ſoit audacieux,
Qui ne quittaſt Voulges & Bracquemars,
L ances, Harnoys, Sallades, & Plumars,
P our eſtre Moyne au Temple D'amourettes,
Q uant il orroit ſonner de toutes pars

Le Carillon de si doulces clochettes.
Les Dames donnent aux malades,
Qui sont Recommandez aux Prosnes,
Ryz, Baisers, Regards, & Oeillades,
Car ce sont D'amours les aulmosnes.
Les Prescheurs sont vieilles Matrosnes,
Qui aux ieunes donnent couraige
D'employer la fleur de leur aage
A seruir Amour le grant Roy,
Tant que souuent par beau langaige
Les conuertissent a la Loy.
Les Fons du Temple estoit vne Fontaine
Ou decourroit vng ruisseau argentin.
La se baignoit mainte Dame haultaine,
Le corps tout nud, monstrant vng dur tetin.
Lors on eust veu marcher sur le patin
Pouures Amans a la teste enfumeee.
L'ung apportoit a sa tresbien aymee
Esponge, Pigne, & chascun appareil.
L'autre a sa dame estendoit la ramee,
Pour la garder de l'ardeur du Soleil.
Le Cymetiere est vng vert boys,
Et les Murs, Hayes, & Buyssons:
Arbres plantez, ce sont les croix:
De Profundis, gayes chansons.
Les Amans surprins des frissons
D'amours, & attrappez es Laqz,
Deuant quelque huys tristes & las,

Pour la tumbe d'ung trespassé
Chantent souuent Le grant helas.
Pour Requiescant in pacé.
Ouidius, Maistre Alain Charretier,
Petrarche aussi, le Rommant de la Rose,
Sont les Messelz, Breuiaire & Psaultier,
Qu'en ce sainct temple on lit en ryme & prose.
Et les leçons que chanter on y ose,
Ce sont Rondeaulx, Ballades, Virelaiz,
Motz a plaisir, Rimes & Triolletz,
Lesquelz Venus aprent a retenir
A vng grant tas d'amoureux nouuelletz,
Pour mieulx sçauoir Dames entretenir.
Autres manieres de Chansons
Leans on chante a voix contrainctes
Ayans cassez & meschans sons,
Car ce sont criz, pleurs, & complainctes.
Les petites Chappelles sainctes,
Sont Chambrettes, & Cabinetz,
Ramees, Boys, & Iardinetz,
Ou lon se perd quant le vert dure.
Leurs huys sont faictz de Buyssonnetz,
Et le Paué tout de verdure.
Le Benoistier fut faict en vng grant plain
D'ung Lac fort loing. d'herbes, plantes & fleurs
Pour eau beniste estoit de larmes plain,
Dont fut nommé le piteux Lac de pleurs,
Car les Amans dessoubz tristes couleurs

Y ſont en vain mainte larme eſpandans.
Les fruictz d'amours la ne furent pendans,
Tout y ſechoit tout au long de l'annee.
Mais bien eſt vray qu'il y auoit dedans
Pour Aſperges vne Roſe fenee.
  Marguerites, Lys, & Oeilletz,
Paſſeueloux, Roſes flairantes,
Rommarins, Boutons vermeilletz,
Lauandes odoriferentes,
Toutes autres fleurs apparentes
Iettans odeur treſadoulcie,
Qui iamais vng cueur ne ſoucie,
C'eſtoit de ce temple l'encens.
Mais il y eut de la Soulcie,
Voy la qui me troubla le ſens.
  Et ſi aucun pour le monde laiſſer,
Veult la dedans ſe rendre moyne ou prebſtre,
Tout autre eſtat luy conuient delaiſſer,
Puis va deuant Genius l'archiprebſtre,
Et deuant tous en leuant la main dextre,
D'eſtre loyal faict grans veuz & ſermens
Sur les autelz couuertz de paremens
Qui ſont beaux lictz a la mode ordinaire,
La ou ſe font d'amours les ſacremens
De iour & nuyct ſans aucun luminaire.
  Depuis que vng homme eſt la rendu,
Soit ſaige ou ſot, ou peu ydoine,
Sans eſtre ne rez ne tondu,

Incontinent on le faict moyne:
Mais quoy s'il n'a pas grant essoyne
A comprendre les sacrifices,
Car d'amourettes les seruices
Sont faictz en termes si tresclers,
Que les apprentiz & nouices
En sçaiuent plus que les grans clercs.

De Requiem les Messes sont aubades:
Cierges, rameaulx: & sieges, la verdure,
Ou les Amans font Rondeaux & Ballades.
L'ung y est gay, l'autre mal y endure.
L'une mauldit par angoisse tresdure
Le iour au quel elle se marya.
L'autre se plainct que ialoux Mary a.
Et les sainctz motz que lon dit pour les ames,
Comme Pater, ou Aue maria,
C'est le babil & le caquet des Dames.
Processions, ce sont Morisques,
Que font amoureux Champions,
Les Hayes d'Allemaigne frisques,
Passepied, Bransles, Tourdions.
La, par grans consolations
Vng auec vne deuisoit,
Ou pour Euangiles lisoit
L'art d'aymer faict en Rhetorique,
Et l'autre, sa dame baisoit
En lieu d'une saincte Relique.

En tous endroitz ie visite & contemple

Si comme estant de merueille esgaré,
Car en mes ans ne pense point veoir Temple
Tant cler, tant net, ne tant bien preparé.
De chascun cas fut a peu pres paré,
Mais toutesfois y eut faulte d'ung poinct,
Car sur l'autel, de Paix n'y auoit point.
Raison pourquoy? tousiours Venus la belle
Et Cupido, de sa darde qui poingt,
A tous Humains ont la guerre mortelle.
Ioye y est, & Dueil remply de Ire.
Pour vng repos, des trauaulx dix.
Et brief, ie ne sçauroys bien dire
Si c'est Enfer, ou Paradis.
Mais par comparaison ie dys
Que celluy Temple est vne Rose
D'espines & ronces enclose.
Petitz plaisirs, longues clamours.
Or tachons a trouuer la chose
Que ie cherche au Temple d'Amours.

DEdans la Nef du triumphant dommaine
Songeant resuãt lõguemẽt me pourmaine
Voyant reffuz, qui par ses durs alarmes
Va incitant l'oeil des Amans a larmes
Oyant par tout des clochettes les sons
Chanter versetz d'amoureuses leçons,
Voyant chasser de Cupido les Serfz.
L'ung a Connilz, l'autre a Lieures & Cerfz,
Lascher Faulcons, Leuriers courrir aux Boys,

Corner,souffler en trompes & Haulboys,
On crie,on prend,l'ung chasse,& l'autre happe.
L'ung a ia prins,la beste luy eschappe,
Il court apres,l'autre rien n'y pourchasse,
On ne veit onc vng tel deduyt de chasse
Comme cestuy.Or tiens ie tout pour veu,
Fors celle la,dont veulx estre pourueu,
Qui ma plongé au grant lac de Destresse,
C'est de mon cueur la treschere maistresse
De peu de gens au monde renommee,
Qui Ferme Amour est en terre nommee,
Long temps y a que la cherche & poursuys,
Et(qui pis est)en la terre ou ie suys,
Ie ne vey fors incertaine apparence
Que son gent corps y face demourance.
Et croy qu'en vain ie la voys reclamant,
Car la dedans ie voy vng fol amant
Qui va choisir vne dame assez pleine
De grant beaulte:mais tant y a qu'a peine
Eust contemplé son maintien gracieux,
Que Cupido le dieu audacieux
Tendit son arc,encocha sa sagette,
Les yeulx bandez dessus son cueur la gette
Si rudement,voyre de façon telle
Qu'il y crea vne playe mortelle.
Et lors Amours le iucha sur sa perche,
Ie ne dys pas celle que tant ie cherche,
Mais vne amour venerique & ardente

Le bon renom des humains retardante,
Et dont par tout le mal estimé fruict
Plus que de l'autre en cestuy monde bruyt.
Vne autre amour fut de moy apperceue,
Et croy que fut au temps iadis conceue
Par Eolus courant & variable,
Car oncques chose on ne veit si muable,
Ne tant legiere: en chascuns lieux & partz
Le sien pouoir par la terre est espars,
Chascun la veult, l'entretient & souhaitte,
A la suyuir tout homme se dehaitte.
Que diray plus? Certes vng tel aymer
C'est Dedalus volletant sur la mer.
Mais tant a bruyt, qu'elle va ternissant
De Fermete le nom resplendissant.
Par tel façon en mon chemin & voye
Assez & trop ces deux amours trouuoye,
Mais l'une fut lubrique & estrangiere
Trop a mon vueil, & l'autre si legiere,
Que au grant besoing on la trouué ennemye.
Lors bien pensay que ma loyale amye
Ne cheminoit iamais dessoubz les arches
La ou ces deux souloient faire leur marches.
Parquoy concludz en autre part tirer,
Et de la nef soubdain me retirer
Pour rencontrer la dame tant illustre
Celle de qui iadis le trescler lustre
Souloit chasser toute obscure souffrance

Faisant regner Paix diuine soubz France,
Celle pour vray (sans le blasme d'aucun)
Qui de deux cueurs maintesfois ne faict qu'ung,
Celle par qui Christ qui souffrit moleste,
Laissa iadis le hault Throsne celeste,
Et habita ceste basse vallee
Pour retirer nature maculee
De la prison infernalle & obscure.
A poursuyuir, soubz Espoir ie prens cure.
Iusques au cueur du Temple me transporte,
Mon oeil s'espart au trauers de la porte
Que le dieu Pan feit d'arbrisseaux tous vers.
Mais a grant peine euz ie veu a trauers,
Que hors de moy cheurent plainctes & pleurs,
Comme en Yuer seches fueilles & fleurs.
Tristesse & Dueil de moy furent absens,
Mon cueur garny de Lyesse ie sens,
Car en ce lieu vng grant Prince ie veiz,
Et vne Dame excellente de vis,
Lesquelz portans escuz de Fleurs Royales
Qu'on nomme Lys, & d'Hermines Ducales
Viuoient en paix dessoubz celle Ramee,
Et au mylieu, Ferme Amour d'eulx aymee
D'habitz ornee a si grant aduantaige,
Qu'oncques Dido la Royne de Carthaige,
Lors que Aeneas receut dedans sont port,
N'eust tel richesse, honneur, maintien & port,
Combien que lors Ferme Amour auec elle

De vrays ſubiectz euſt petite ſequelle.
Lors bel Accueil m'a le Buiſſon ouuert
Du cueur du Temple, eſtant vng pre tout verd,
Si merciay Cupido par merites,
Et ſalüay Venus & ſes Charites.
Puis Ferme Amour apres le mien ſalut,
Tel me trouua, que de ſon gré voulut
Me retirer deſſoubz ſes eſtendars,
Dont ie me tins de tous pouures ſouldars
Le plus heureux: puis luy comptay comment
Pour ſon amour continuellement
I'ay circuy mainte contree eſtrange,
Et que ſouuent ie l'ay penſee eſtre Ange,
Ou reſider en la court celeſtine
Dont elle print treſſacree origine.
Puis l'aduerty comme en la nef du Temple
De Cupido (combien qu'elle ſoit ample)
N'ay ſceu trouuer ſa treſnoble facture,
Mais que a la fin ſuys venu d'aduenture
Dedans le cueur ou eſt ſa manſion.
Parquoy concludz en mon inuention,
Que Ferme Amour eſt au cueur eſprouuee,
Dire le puys, car ie l'y ay trouuee.

Fin du Temple de Cupido.

Le iugement de Minos sur la preference de Alexandre le Grant, Hannibal de Carthage, & Scipion le Rommain, ia menez par Mercure aux lieux inferieurs deuant icelluy Iuge.

Alexandre.

Hānibal, mō hault cueur magnanime
N e peult souffrir que par gloire sublime
V ueilles marcher par deuant mes charoys
Quant a honneurs & triumphans arroys,
C ar seulement aucun ne doit en riens
A comparer ses faictz d'armes aux myens:
A ins (comme nulz) est decent de les taire
E ntre les Preux.

Hannibal.

I e soustiens le contraire,
E t m'en raporte a Minos l'ung des Dieux,
I uge infernal commis en ces bas lieux
A soustenir le glaiue de Iustice,
D ont fault que droit auec raison iuste ysse

Pour vng chascun.

Minos.

Or me dictes Seigneurs
Qui estes vous qui touchant haultz honneurs
Querez auoir l'ung sur l'autre auantaige?

Alexandre.

Cy est le Duc Hannibal de Carthaige,
Et ie le grant Empereur Alexandre
Qui feis mon nom par tous climatz espandre,
En subiugant les nations estranges.

Minos.

Certes voz noms sont de haultes louenges,
Dignes de loz & de gloire supresmes
Dont decorez sont voz clers diadesmes.
Si m'esbahy, qui vous a meu ensemble
Auoir debat.

Alexandre.

Minos (comme il me semble)
Tu doys sçauoir, & n'es pas ignorant
Qu'oncq ne souffriz homme de moy plus grant,
Ne qui a moy fust pareil ou esgal:
Mais tout ainsi comme L'aigle Royal
Estend sont vol plus pres des airs celestes
Que nul oyseau, par belliqueuses gestes
I'ay surmonté tous humains aux harnoys:
Parquoy ne veulx, que ce Carthaginoys
Ait bruict sur moy, ne costoye ma Chaize.

Minos.

Or conuient donc, que l'ung de vous se taise,
Affin que l'autre ait loysir & saison
Pour racompter deuant moy sa raison.

Hannibal.

Certes Minos, ceulx ie repute dignes
D'estre esleuez iusques aux Courts diuines
Par bon renom, qui de basse puissance
Sont paruenuz a haultaine accroissance
D'honneur & biens, & qui nom glorieux
Ont conquesté par faictz laborieux,
Ainsi que moy, qui a peu de cohorte
Me departy de Carthaige la forte,
Et en Sicile ou marcher desiroye,
Prins & rauy pour ma premiere proye
Vne Cite Sarragoce nommee
Des fiers Rommains tresgrandement aymee,
Que maulgre eulx, & leur force superbe
Ie pestelay aux piedz ainsi que l'herbe
Par mes haulx faictz, & furieux combas.
On sçait aussi, comme ie mys au bas,
Et dissipay (dont gloire ie merite)
Des Gallicans le puissant exercite,
Et par quel'art, moyens, & façons caultes,
Taillay les Montz, & les Alpes tres haultes
Minay, & mys les Rochers en rompture
Qui sont haultz murs massonnez par nature,
Et le renfort de toutes les Itales
Auquel pays (quant mes armes ducales
Y flamboyent) les ruisseaulx tous ordiz

Du sang Rommain, que lors ie y espandiz,
En sont tesmoings, & certaines espreuues.
Si est le Pau, Tibre, & maintz autres fleuues
Desquelz souuent la trespure & claire vnde
I'ay faict muer en couleur rubiconde:
Pareillement les chasteaulx triumphans
Par sur lesquelz, mes puissans Elephans
Ie feiz marcher iusques aux murs de Romme
Et n'est decent, que ie racompte ou nomme
Mes durs combatz, rencontres Marciennes
Et grans effors par moy faictz deuant Cannes.
Grant quantite de noblesse Rommaine
Ruerent ius par puissance inhumaine
Lors mes deux bras, quant en signe notoire
De souuerain triumphe meritoire
Trois muys d'anneaulx a Carthaige transmis
De tresfin or, lesquelz furent desmis
Des doigtz des mortz, sur les terres humides
Tous estenduz, car des Charongnes vuydes
De leurs espritz, gisantes a l'enuers
Par mes conflictz furent les champs couuers
De tel façon, qu'on en feit en maintz lieux
Pontz a passer fleuues espacieux.
Par maintes foys & semblables conquestes,
Plus que canons, ou fouldroyans tempestes
Feis estonner du monde la monarche
Tousiours content, quelque part ou ie marche,
Le tiltre seul de vray honneur auoir

Sans vaine gloire en mon cueur conceuoir
Comme cestuy, qui pour occasion
D'une incredible & vaine vision
La nuyct dormant, apparue a sa mere
Se disoit filz de Iuppiter, le Pere
De tous humains, aux astres honnoré
Et comme Dieu voulut estre adoré.
Ainçoys Minos, tousiours & ainsi comme
Petit souldart, me suys reputé homme
Carthaginoys, qui pour heur ou malheur
Ne fuz attainct de lyesse ou douleur:
Puis on congnoist comme au pays d'Affrique,
Durant mes iours, pour la chose Publique
Me suys voulu vray obeissant rendre.
Et que ainsi soit, ainsi comme le mendre
De tout mon Ost, au simple mandement
De mes consors, concludz soubdainement
De m'en partir, & adressay ma voye
Vers Italie, ou grant desir auoye.
Que diray plus? par ma grande prouesse,
Et par vertu de sens & hardiesse
I'ay escheué maintz autres durs effors
Contre & enuers les plus puissans & fortz.
Mes Estandars, & guidons Marciens
Onc ne dressay vers les Armeniens
Ou les Medoys, qui se rendent vaincuz
Ains qu'employer leurs Lances & Escuz:
Mais feiz trembler de main victorieuse

Les plus haultains, c'est Romme l'orgueilleuse
Et ses souldars que lors ie combatiz
Par maintes fois, & non point des craintifz,
Mais des plus forts feiz vng mortel deluge.
  Et d'autre part, Minos (comme bon iuge)
Tu doys preueoir les ayses d'Alexandre:
Car des que mort son pere voulut prendre,
A luy par droit le Royaume suruint,
Et fut receu (des que sur terre vint)
Entre les mains d'amiable Fortune,
Qui ne fut onc en ses faictz importune.
Et s'il veult dire auoir vaincu les Roys
Dare & Pyrrhus par militans arroys,
Aussi fut il vaincu en ses delices
De immoderez & desordonnez vices:
Car si son Pere ayma bien en son cueur
Du Dieu Bacchus l'amoureuse liqueur,
Aussi feit il, & si bien s'en troubloit,
Que non pas homme, ains beste ressembloit.
  N'occist il pas (estant yure a sa table)
Callisthenes, Philosophe notable
Qui reprenoit par discretes parolles
Les siennes meurs vicieuses & folles?
  Certainement vice si detestable
En moy (peut estre) eust esté excusable,
Ou quelqu'ung autre, en meurs & disciplines
Peu introduict, mais les sainctes doctrines
Leues auoit d'Aristote son maistre.

Qui pour l'instruire,& en vertuz accroistre,
Par grant desir nuyct & iour trauailloit,
Et apres luy trop plus qu'a autre veilloit.
Et si plus hault eslieue sa personne,
Dont a son chef il a porté couronne,
Pourtant ne doibt homme Duc despriser
Qui a voulu(entre viuans)vser
De sens exquis,& prouesse louable,
Plus que du bien de Fortune amyable.

Minos.

Certes tes faictz,de tresclere vertu
Sont decorez.En apres,que dys tu
Roy Alexandre?

Alexandre.

A homme plain d'oultraige,
N'est de besoing tenir aucun langaige.
Et mesmement la riche renommee
De mes haultz faictz,aux astres sublimee,
Assez & trop te peuuent informer
Que par sus moy ne se doibt renommer:
Aussi tous ceulx de la vie mortelle
Sont congnoissans la raison estre telle.
Mais neantmoins,pource qu'a maintenir
Los & honneur,ie veulx la main tenir:
Saches Minos,Iuge plain de prudence,
Qu'en la verdeur de mon adolescence,
Portant en chef ma couronne inuincible,
Au glaiue agu prins vengeance terrible

(Comme vray filz)de ceulx qui la main misrent
Dessus mon Pere,& a mort le submirent.
Et non content du Royaume qu'auoye,
Cherchant honneur,mys & gettay en voye
Mes estandars,& a flotte petite
De combatans par moy fut desconfite
Et mise au bas en mes premiers assaultz,
Thebes Cité antique,& ses vassaulx.
Puis subiugay par puissance Royalle
Toutes Citez d'Achaie & Thessalle
Et decouppay a foison par les champs
Illyriens de mes glaiues trenchans:
Dont ie rendy toute Grece esbahye.
Par mon pouoir fut Asie enuahye,
Libye prins,le Phase surmontay.
Bref,tous les lieux ou passay & plantay
Mes estandars(redoubtans ma puissance)
Furent submis a mon obeissance.
Le puissant Roy Daire congneut a Tharse
Par quel vigueur fut ma puissance esparse
Encontre luy,quant soubz luy cheuaucherent
Cent mil Persoys,& fierement marcherent
Vers moy de front dessoubz ses estandars
Bien trois cens mil pyetons hardys souldars.
Que diray plus?quant vint a l'eschauffer,
Le vieil Caron grant Nautonnier d'Enfer
Bien eut affaire a gouuerner sa peaultre
Pour celluy iour passer de riue en autre

Tous les espritz, qu'a bas ie luy transmy
Des corps humains, qu'a l'espee ie my.
A celluy iour en la mortelle estorce
Pas n'espargnay ma corporelle force:
Car aux Enfers quatre vingtz mil espritz
I'enuoiay lors, & si hault cueur ie pris,
Que me lançay par les flottes mortelles.
De ce font foy, mes playes corporelles.
Et ia ne fault laisser aneantir
Mes grans combatz executez en Thir.
Et ne conuient, que le los on me rase
D'auoir passé le hault mont de Caucase.
Vng chascun sçait que y fuz tant employé,
Que tout soubz moy fut rasé & ployé.
En Inde feiz aborder mon charroy
Triumphamment, ou Pyrrhus le fier Roy
(A son meschef) de mes bras esprouua
La pesanteur, quant de moy se trouua
Prins & vaincu. Qui plus est, ie marchay
En tant de lieux, qu'a la fin detrenchay
Le dur Rocher, ou Hercules le fort
Pour le passer, en vain mist son effort.
Bref, tout batty & vainquy sans repos,
Iusques a tant, que la fiere Atropos
Seulle cruelle ennemye aux humains,
Mon pouuoir large osta hors de mes mains.
Et s'ainsi est, que iadis en maint lieu
Fusse tenu des mondains pour vng Dieu,

Et du party des Dieux immortelz né,
De tel erreur pardon leur ſoit donné:
Car la haulteur de mes faictz,& la gloire
Qu'euz en mon temps,les mouuoit a ce croire.
 Encores plus,tant fuz fier belliqueur
Que l'entreprins,& euz vouloir en cueur
De tout le monde embraſſer & ſaiſir,
Si fiere mort m'euſt preſté le loiſir.
 Or ça Minos,ie te ſupply,demande
A Hannibal(puis qu'il me vilipende
De doulx plaiſirs)ſi plus il eſt records
De ſes delictz de Capue,ou ſon corps
Plus deſbriſa aux amoureux alarmes,
Qu'a ſouſtenir gros boys,& haches,& armes?
Ne fut ſa mort meſchante & furibonde,
Quant par deſpit de viure au mortel monde,
Fut homicide & bourreau de ſoymeſmes,
En auallant les ordz venins extreſmes?
Et pour monſtrer ſa meſchance infinie,
Soit demandé au Roy de Bithynie
(Dict Pruſias)vers le quel s'enfuyt,
S'il fut iamais digne de loz & bruyt.
Vng chaſcun ſçait qu'il fut le plus polu
De tous plaiſirs,& le plus diſſolu,
Et que par fraude & ſes trahiſons fainctes
Il eſt venu de ſon nom aux attaintes.
 Pluſieurs grans faictz il feit en maintes terres,
Mais qu'eſt ce au pris de mes bruictz & tõnerres?

A tous mortelz le cas eſt euident,
Que ſi iugé n'euſſe tout occident
Eſtre petit ainſi que Theſſalie,
I'euſſe pour vray(en vainquant l'Italie)
Tout conqueſté ſans occiſion nulle,
Iuſques au lieu des Colomnes Hercule.
Mais(pour certain)ie n'y daignay deſcendre,
Car ſeullement ce hault nom Alexandre
Les feit mes ſerfz,redoubtans mes merueilles.
Parquoy Minos garde que tu ne vueilles
Deuant le mien,ſon honneur preferer.

Scipion.

Entens ainçois ce que veulx proferer
Iuge Minos.

Minos.

Comment es tu nommé?

Scipion.

Scipion ſuys L'african ſurnommé,
Homme Rommain,de noble experience.

Minos.

Or parle doncq,ie te donne audience.

Scipion.

Certes mon cueur ne veult dire ou penſer
Choſe pour quoy ie deſire exaulcer
La grant haulteur de mes faictz ſinguliers
Par ſus ces deux belliqueux Cheualiers,
Car ie n'eu oncq de vaine gloire enuie,
Mais ſ'il te plaiſt Minos,entens ma vie.

Tu sçais assez que de mes ieunes ans
Faictz vicieux me furent desplaisans,
Et que vertu ie voulu tant cherir,
Que tout mon cueur se mist a l'acquerir:
Iugeant en moy, Science peu valloir,
Si d'ung hault vueil & par ardant vouloir
D'acquerir bruyt & renom vertueux
N'est employé en oeuures fructueux.
Bref, tant aimay vertu, que des enfance
Ie fuz nommé des Rommains l'esperance:
Car quant plusieurs du Senat esbahyz
De crainte & paour, a rendre le pays
Par maintessfoys furent condescendans,
Ie de hault cueur, & assez ieune d'ans,
Sailly en place, aiant le glaiue au poing,
Leur remonstrant que pas n'estoit besoing
Que le cler nom que par peine & vertu
Auions acquis, fust par honte abbatu,
Et que celluy mon ennemy seroit
Qui la sentence ainsi prononceroit.
Lors congnoissans que les diuins Augures,
Pour subuenir a leurs choses futures,
M'auoient donné hardiesse de cueur
En ieunes ans, comme vng fort belliqueur
Fuz esleu chef de l'armee Rommaine,
Dont sur le champ de bataille inhumaine
Ie feiz ietter mes bannieres au vent,
Et Hannibal pressay tant & souuent

Qu'auec bon cueur, & bien peu de conduicte,
Le feiz tourner en trop honteuse fuitte,
Tant qu'en la main de Romme l'excellente
Serue rendy Carthaige populente.
Et toutesfois les Rommains consistoires
Apres mes grans & louables victoires,
Aussi humain & courtoys m'ont trouué,
Qu'auant que fusse aux armes esprouué.
Tous biens mondains prisay moins que petit,
L'amour du Peuple estoit mon appetit,
Et d'acquerir maintz vertueux Offices
A ieune Prince honnestes & propices.
Et d'autre part de Carthaige amenay
Maintz prisonniers lors que i'en retournay
Victorieux: desquelz en la presence
Par moy fut prins le Poete Terence,
Dont aux Rommains mon faict tant agrea,
Qu'en plain Senat Censeur on me crea.
Ce faict, Asie & Libye couruz,
D'Egypte & Grece a force l'amour euz.
Et qu'ainsi soyt, soubz querelle tresiuste
Par plusieurs fois ma puissance robuste
Ont esprouué: puis ie Consul voyant
Le nom Rõmain iadis reflamboyant
Lors chanceller, soy ternir & abatre,
Pour l'esleuer fuz conquerir & batre
Vne Cité de force & biens nantie
Dicte Numance, es Espaignes bastie.

Trop long seroit (Minos) l'entier deduyre
De mes haultz faictz qu'on verra tousiours luyre,
Et d'autre par simple vergoigne honneste
D'en dire plus, en rien ne m'admonneste,
Par quoy a toy en laisse l'achoison,
Qui sçaiz ou sont les termes de raison.
Si t'aduertiz qu'onques malheur en riens
Ne me troubla, ne pour comble de biens
Que me donnast la deesse fatalle,
Close ne fut ma main tresliberalle.
Bien l'ont congneu, & assez le prouuerent
Apres ma mort ceulx qui rien ne trouuerent
En mes thresors des biens mondains deliures,
Fors seulement d'argent quatre vingtz liures.
Des Dieux aussi la bonté immortelle
M'a bien voulu douer de grace telle,
Que cruaulte & iniustice au bas
Ie deiettay, & ne mys mes esbas
Aux vanitez & doulx plaisirs menus
De Cupido le mol filz de Venus,
Dont les deduitz & mondaines enquestes
Nuysantes sont a louables conquestes.
Tous lesquelz motz ie ne dy pour tascher
A leur honneur confundre ou soubzmarcher:
Ainçois le dy pour tousiours en prouesse
Du nom Rommain soustenir la haultesse,
Dont tu en as plus ouy referer
Que n'en pourroit ma langue proferer.

La Sentence de Minos.

Certainement voz Marciaulx ouurages
Sont acheuez de tresardens courages:
Mais s'ainsi est que par vertu doiue estre
Honneur acquis, Raison donne a congnoistre
Que Scipion iadis fuyant delices,
Et non saillant de Vertu hors des Lices,
D'honneur dessert le Tiltre precieux
Deuant vous deux, qui fustes vicieux:
Par quoy iugeons Scipion preceder,
Et Alexandre Hannibal exceder.
Et si de nous la Sentence importune
Est a vous deux, demandez a Fortune
Se elle n'a pas tousiours fauorisé
A vostre part. Apres soit aduisé
Au trop ardant & oultrageux desir
Que eustes iadis de prendre tout plaisir
A (sans cesser) espandre sang humain,
Et ruiner de fulminante main
Sans nul propos, la Fabrique du Monde,
Sans iuste guerre: en ce vertu n'abonde.

Fin du iugement de Minos.

Les triſtes vers de Philippes Beroalde ſur le iour du Vendredy ſainct, tranſlatez de Latin en Françoys. Et ſe commencent en Latin,

Venit mœſta dies, rediijt lachrymabi-
le tempus.

R eſt venu le iour en dueil
tourné
Or eſt le tẽps plain de pleurs
retourné,
Or ſont ce iour les funerail-
les ſainctes
De IESV Chriſt celebrees,
& tainctes
D'aſpre douleur: ſoyent doncques rougiſſans
Ores noz yeulx par larmes d'eulx yſſans.
Tous eſtomacz en grief vice tombez,
Par coups de poing ſoyent meurdriz & plõbez.
Quiconques ayme, exalte, & qui decore
Le nom de Dieu, & ſon pouoir adore,
Coeuure ſon cueur & ſenſitif exprés
De gros ſanglotz ſ'entreſuyuans de prés.
Voycy le iour lamentable ſur Terre,
Le iour qu'on doibt marquer de noire pierre.
Pourtant Plaiſirs, Amours, Ieux, & Banquetz,
Riz, Voluptez, Broquars, & fins Caquetz

Tenez vous loing,& vieigne Douleur rude,
Soing,Pleurs, Souſpirs auec Solicitude.
C'eſt le iour noir,au quel fault pour paincture
De dueil monſtrer porter noire taincture.
Soyent doncq veſtuz de couleur noire & brune,
Princes,Prelatz,& toute Gent commune.
Vieignent auſſi auec robe de dueil
Ieunes & Vieulx en plorant larmes d'oeil.
Et toute Femme ou lyeſſe eſt aperte,
De noir habit ſoit veſtue & couuerte.
Riuieres,Champs,Foreſtz,Montz & Vallees
Ce iourdhuy ſoyent triſtes & deſolees.
Beſtes auſſi priuees & ſauuages
En douleur ſoyent,par fleuues & riuages
Soyent gemiſſans Poiſſons couuers d'eſcaille,
Et tous Oyſeaulx painctz de diuerſe taille.
Les Elemens,la Terre,& Mer profonde,
L'air & le Feu,Lune,Soleil & Monde,
Le Ciel auſſi de haulteur excellente,
Et toute choſe a preſent ſoit dolente,
Car c'eſt le iour dolent & doloreux,
Triſte,terny,trop rude & rigoreux.
Maintenant doncq fault vſurper & prendre,
Les larmes d'oeil que Heracle ſceut eſpandre,
De Xenocrate,ou de Craſſus doit on
Auoir la face,& le front de Caton.
La barbe auſſi longue,rude,& ſemblable
A celle la d'ung Priſonnier coulpable.

Porter ne vueille homme ou femme qui viue,
Robe de Pourpre, ou d'Escarlate viue.
Ne soit luysant la chaine a grosse boucle
Dessus le col, ne l'ardente Escarboucle.
Ne vueille aucun au tour des doigtz cercler
Verte Esmeraulde, ou Dyamant trescler.
Sans peigner soit le poil ou chef tremblant,
Et aux cheueulx soit la barbe semblant.
Ne soit la Femme en son cheminer graue,
Et d'eaux de fard son visage ne laue,
Ne soit sa gorge en blancheur decoree,
Ne d'aucun art sa bouche coloree.
Ne soient les chiefz des grans dames coiffez
D'ornemens fins, de Gemmes estoffez,
Mais sans porter Brasseletz ne Carcans,
Preignent habitz signe de dueil merquans.
Car c'est le iour au quel le Redempteur
De toute chose vnique Createur,
Apres tormens, labeurs de corps & vaines
Mille soufflетz, flagellemens & peines,
Illusions des Iuifz inhumains
Pendit en Croix, encloué piedz & mains,
Piquant Couronne au digne chef portant,
Et d'amertume vng bruuaige goustant.
O iour funebre, o lamentable Mort.
O cruaulte, qui la pensee mord
De ceste gent prophane & incredule,
O fiere tourbe, emplye de macule,

Trop plus ſubiecte a rude felonnye
Que Ours de Libye, ou Tygres d'Hyrcanie,
Ne que la Salle & cruel domicile
Ou l ſ'exerçoit Tyrannie en Sicile,
Ainſi auez (ſacrileges) moillé
Voz mains au ſang qui ne fut oncq ſoillé,
Et icelluy mys a mort par Enuie,
Qui vous auoit donné lumiere & vie,
Manoirs & champs de tous biens plantureux,
Puiſſant empire, & ſieges bienheureux:
Et qui iadis, en faiſant conſommer
Pharaon Roy dedans la Rouge Mer,
En liberte remiſt ſur voz Monarches,
Tous voz Parentz, anciens Patriarches.
O crime, o tache, o monſtre, o cruel ſigne
Dont par tout doibt apparoir la racine.
O faulſe ligne, extraicte de Iudee,
As tu oſé tant eſtre oultrecuidee
De perdre cil, qui par ſiecles pluſieurs
T'a preſerué par dons ſuperieurs
Et t'a inſtruict en la doctrine exquiſe
Des ſainctes Loyx du Prophete Moyſe
En apportant ſur le hault des limites
De Sinay les deux Tables eſcriptes
Pour & affin que obtinſes diadeſmes
Ou digne palme, aux regions ſupreſmes.
Las quelz mercyz tu rendz pour vng tel don,
O quel ingrat & contraire guerdon

Et quel peche se pourroit il trouuer
Semblable au tien? point ne te peux lauer.
A tous humains certes est impossible
D'en perpetrer encor vng si horrible:
Car beau parler, ny foy ferme & antique,
Religion, ne vertu auctentique
Des Peres sainctz, n'ont sceu si hault attaindre
Que ta fureur ayes voulu refraindre.
Des vray disans Prophetes les Oracles,
Ne de IESVS les apparentz miracles
De faulx conseil ne t'ont sceu reuoquer
Tant t'es voulu a durté prouoquer.
O Gent sans cueur, Gent de faulse nature
Gent aueuglee en ta perte future
En meurdrissant par peines & foiblesses
Vng si grant Roy, de ton coulteau te blesses.
Et qu'ainsi soit, a present tu en souffres
Cruelle gehaine, en feu, flammes, & souffres,
Si qu'a iamais ton torment merité
Voys & verras: & ta posterité
Si elle adhere a ta faulte importune,
Se sentira de semblable fortune:
Car y n'y a que luy qui sceust purger
Le trop cruel & horrible danger
De mort seconde, & sans luy n'auront grace
Voz filz viuans, n'aucune humaine race.
Aucun Iuif pour tel faulte ancienne
N'a siege, champ, ne maison qui soit sienne.

Et tout ainsi que la forte tourmente
En pleine Mer la Nasselle tourmente,
Laquelle estant sans mast, sans voyle & maistre,
De tous les ventz a dextre & a senestre
Est agitee, ainsi estes Iuifz
De tous costez dechassez & fuyz,
Viuans tousiours soubz tributaire reigle.
Et tout ainsi que le Cygne hayt L'aigle,
Le chien le Loup, Hennuyer le Fransoys,
Ainsi chascun (quelque part ou tu soys)
Hayt & herre ta faulse progenie
Pour l'inhumaine & dure tyrannie
Que feiz a cil qui tant de biens t'offrit
Quant Paradis & les Enfers t'ouurit.
O doulce Mort, par salut manifeste
Tu nous repays de viande celeste,
Par toy fuyons le regne Plutonique,
Par toy gyst bas le Serpent Draconique:
Car le iour vient aggreable sur Terre,
Le iour qu'on doibt noter de blanche pierre,
Le iour heureux en trois iours suruiendra
Que IESV Christ des Enfers reuiendra.
Par quoy pecheur dont l'ame est deliuree,
Qui ce iourdhuy portes noire liuree,
Resiouys toy, prens plaisir par douleur,
Pour noir habit, rouge & viue couleur.
Pour Pleurs mortelz, de Lyesse assignee,
Car c'est le iour d'heureuse destinee

Qui a Sathan prepare affliction,
Et aux Mortelz seure saluation.
Doncq congnoissant le bien de mort amere,
Doulx IESV Christ né d'une Vierge Mere,
S'il est ainsi que ton pouuoir honnore,
S'il est ainsi que de bon cueur t'adore,
S'il est ainsi que i'ensuyue ta Loy,
S'il est ainsi que ie viue en ta Foy,
Et comme croy, qu'es aux cieulz triumphant,
Secour (helas) vng chascun tien enfant,
Si qu'en viuant soit en santé la vie,
Et en mourant, aux cieulx l'ame rauie.

Amen.

Fin des Tristes Vers de Beroalde.

ORAISON CONTEMPLATIVE deuant le Crucifix, mise de Latin en Françoys. Et se commence, Ah Christe fari nescio.

LAs ie ne puis ne parler, ne crier
Doulx IESV Christ, plaise toy deslier
L'estroict lyen de ma langue perie,
Comme iadis feis au vieil Zacharie.
La quantite de mes vieilz pechez bousche
Mortellement ma pecheresse bouche,
Puis l'ennemy des humains, en pechant
Est de ma voix les conduictz empeschant

S i que ne puis poulſer dehors le crime,
Q ui en mon cueur (par ma faulte) ſe imprime.
Q uant le Loup veult (ſans le ſceu du berger)
R auir l'aigneau, & fuyr ſans danger,
D e paour du cry, le goſier il luy couppe.
A inſi quant ſuys au remors de ma coulpe,
L e faulx Sathan fait mon parler refraindre,
A ffin qu'a toy ie ne me puiſſe plaindre:
A ffin, mon Dieu, qu'a mes maulx & perilz
N e inuocque toy, ne tes ſainctz eſperitz,
E t que ma langue a mal dire apreſtee,
L aquelle m'as pour confeſſer preſtee,
T aiſe du tout mon meſfaict inhumain,
D iſant touſiours, Attendz iuſqu'a demain.
A inſi ſans ceſſe a mal va incitant
P ar nouueaulx arts mon cueur peu reſiſtant.
O mon Saulueur, trop ma veue eſt troublee,
E t de te veoir i'ay pitie redoublee
R ememorant celle benignite,
Qui te feit prendre habit d'humanite.
V oyant auſſi de mon temps la grant perte,
M a conſcience a ſa puiſſance ouuerte
P our ſtimuler & poindre ma penſee,
D e ce que i'ay ta haulteſſe offenſee.
E t dont par trop en pareſſe te ſers,
M al recordant, que t'amour ne deſſers,
T rop mal piteux, quant voy ſouffrir mō proche,
E t a gemir plus dur que fer ne roche.

Doncq(o ſeul dieu qui tous noz biẽs accroys)
Deſcends(helas)de ceſte haulte Croix
Iuſques au bas,de ce tien ſacré temple,
A celle fin que mieulx ie te contemple.
Pas n'eſt ſi longue icelle voye comme
Quant deſcendis du Ciel pour te faire homme.
Si te ſupply' de me preſter la grace,
Que tes genoulx d'affection i'embraſſe,
Et que ie ſoye de baiſer aduoué
Ce diuin pied,qui ſur l'autre eſt cloué.
En plus hault lieu te toucher ne m'encline,
Car du plus bas ie me ſens trop indigne.
Mais ſi par foys ſuys digne que me voyes,
Et que a mon cas par ta bonté pouruoyes
Sans me chaſſer comme non legitime,
De ſi hault bien trop heureux ie m'eſtime.
Et ſ'ainſi eſt,que pour ſoy arrouſer
De larmes d'oeil,ne te puiſſe appaiſer,
Ie vueil qu'en pleur tout fondant on me treuue,
Soit le mien chef deſmaintenant vng fleuue,
Soient mes deux bras ruiſſeaulx ou eau ſ'eſpãde,
Et ma poictrine vne mer haulte & grande.
Mes iambes ſoient torrentz qui courrent royde
Et mes deux yeulx,deux fontaines d'eau froyde
Pour mieulx lauer la coulpe de moymeſmes.
Et ſi de pleurs & de ſanglotz extreſmes
Cure tu n'as,deſirant qu'on te ſerue
A genoulx ſecs,des or ie me reſerue,

Et suys tout prest pour plus brefue response
D'estre plus sec que la pierre de ponce.
Et d'autre part, si humbles oraisons
Tu aymes mieulx, las par viues raisons
Fay que ma voix soit plus repercussiue
Que celle la d'Echo, qui semble viue
Respondre aux gens, & aux bestes farouches,
Et que mon corps soit tout fendu en bouches
Pour mieulx a plain, & en plus de manieres
Te rendre grace, & chanter mes prieres.
Brief, moyen n'est qui appaiser te face,
Que ie ne cherche affin d'auoir ta grace:
Mais tant y a, que si le mien torment
Au gre de toy n'est assez vehement,
Certes mon Dieu tout ce qu'il te plaira,
Ie souffriray, comme cil qui sera
Le tien subiect: car rien ne vueil souffrir,
Que comme tien, qui viens a toy me offrir,
Et a qui seul est mon ame subiecte.
   Mon prier doncq ennuyeux ne deiecte,
Puis que iadis vne femme ennuyante
Ne deiectas, qui tant fut suppliante,
Et en ses dictz si fort te importuna,
Que a son desir ta bonte ramena
Pour luy oster de ses pechez le nombre,
Qui tant faisoient a sa vie d'encombre.
   L'estroicte Loy, que tu as prononcee,
Espouenter pourroit bien ma pensee,

Mais ie prens cueur en ta doulceur immense,
A qui ta loy donne lieu par clemence.
Et quoy que i'ay enuers toy tant meffaict,
Que si aucun m'en auoit autant faict,
Ie ne croy pas que pardon luy en fisse:
De toy (pourtant) ie attends salut propice,
Bien congnoissant que ta benignite
Trop plus grande est que mon iniquite.
Tu sçauoys bien que pecher ie debuoye,
M'as tu doncq faict pour d'Enfer tenir voye?
Non, mais affin qu'on congneust au remede
Que ta pitie toute rigueur excede.
Veulx tu souffrir qu'en ma pensee ague
De Droitz & Loix encontre toy i'argue?
Qui d'aucun mal donne l'occasion,
Luy mesmes faict mal & abusion.
Ce nonobstant, tu as creé les femmes,
Et nous deffends d'amours suyure les flammes,
Si lon ne prend marital sacrement,
Auec l'amour d'une tant seulement.
Certes plus doulx tu es aux bestes toutes,
Quãt soubz telz loix ne les cõtrainctz & boutes.
Pour quoy as tu produict pour vieil & ieune
Tant de grãs biens, puis q̃ tu veulx qu'on ieusne?
Et de quoy sert pain & vin & fruytage,
Si tu ne veulx qu'on en vse en toute aage?
Veu que tu fais terre fertille & grasse,
Certainement telle grace n'est point grace,

Ne celluy don n'est don d'aucune chose:
Mais plus tost dam(si ce mot dire i'ose)
Et ressemblons parmy les biens du monde
A Tantalus qui meurt de soif en l'onde.
Et d'autre part, si aucun est venuste,
Prudent & beau, gorgias & robuste
Plus que nul autre, est ce pas bien raison
Qu'il en soit fier, puis qu'il a l'achoison?
Tu nous as faict les nuyctz lõgues & grandes,
Et toutessfois à veiller nous commandes.
Tu ne veulx pas que negligence on hante,
Et si as faict mainte chose attrayante
Le cueur des gens a oysiue paresse.
Las qu'ay ie dit? quelle fureur me presse?
Pers ie le sens? helas mon Dieu refrain
Par ta bonté de ma bouche le frain.
Le desuoyé vueilles remettre en voye,
Et mon iniure au loing de moy renuoye,
Car tant sont vains mes argumens obliques,
Qu'il ne leur fault responses ne repliques.
Tu veulx que aucuns en pouureté mandient,
Mais c'est affin qu'en s'excusant ne dient
Que la richesse a mal les a induictz:
Et a plusieurs les grans thresors produictz,
A celle fin que de dire n'ayent garde,
Que pouureté de bien faire les garde.
Tel est ton droit, voyre & si croy que pour ce
Tu feis Iudas gouuerneur de ta bourse,

Et au regard du faulx Riche inhumain,
Les biens liuras en ſon ingrate main,
A celle fin qu'il n'euſt faulte de rien,
Quant il vouldroit vſer de mal ou bien.
Mais(o IESV)Roy doulx & amyable,
Dieu treſclement,& iuge pitoyable,
Fays qu'en mes ans ta haulteſſe me donne
Pour te ſeruir ſaine penſee & bonne,
Ne faire rien qu'a ton honneur & gloire,
Tes mandemens ouyr,garder & croyre,
Auec ſouſpirs,regret,& repentance
De t'auoir faict par tant de foys offenſe,
Puis quant la vie a mort donnera lieu,
Las tire moy mon redempteur & Dieu
La hault,ou ioye indicible ſentit
Celluy Larron qui tard ſe repentit,
Pour & affin qu'en laiſſant tout' moleſte,
Ie ſoys remply de lyeſſe celeſte,
Et que t'amour dedans mon cueur ancree,
(Qui m'a creé)pres de toy me recree.

Fin de l'Oraiſon au Crucifix.

Cy ensuyuent les epistres,

Et premierement

L'epistre de Maguelonne a son amy Pierre de Prouence, elle estãt en son Hospital.

Subscription de l'Epistre.

Messager de Venus prens ta haulte volee,
Cherche le seul Amant de ceste desolee:
Et quelque part qu'il rie ou gemisse a present,
De ce piteux escript fais luy vng doulx present.

LA plus dolente & malheureuse femme
Qui oncq entra en l'amoureuse flamme
De Cupido, met ceste Epistre en voye,
Et par icelle (Amy) sault t'enuoye,
Bien congnoissant que despite Fortune
Et non pas toy, a present me infortune,
Car si tristesse amye de regret
M'a faict ietter maint gros souspir aigret,
Certes ie sçay que d'ennuy les alarmes
T'ont faict ietter maintesfois maintes larmes.
O noble cueur, que i'ay voulu choisir
Pour mon Amant, ce n'est pas le plaisir
Qu'eusmes alors qu'en la maison Royalle
Du Roy mon pere a t'amye loyalle

Parlementas d'elle tout vis a vis.
Si te prometz que bien m'eſtoit aduis
Que tout le bien du monde & le deduyt
N'eſtoit que dueil, pres du gracieux fruict
D'ung des baiſers que de toy ie receuz.
Mais noz eſperitz par trop furent deceuz
Quant tout ſoubdain la fatalle Deeſſe
En dueil mua noſtre grande lyeſſe,
Qui dura moins que celle de Dido:
Car toſt apres que l'enfant Cupido
M'euſt faict laiſſer mon pere puiſſant Roy,
Vinſmes entrèr ſeuletz en deſarroy
En vng grant boys, ou tu me deſcendis,
Et ton manteau deſſus l'herbe eſtendis,
En me diſant· M'amye Maguelonne
Repoſons nous ſus l'herbe qui fleuronne,
Et eſcoutons du Roſſignol le chant.
  Ainſi fut faict. Adonc en arrachant
Fleurs & boutons de beaulte treſinſigne
(Pour te monſtrer de vraye amour le ſigne)
Ie les gettoys de toy a l'enuiron,
Puis deuiſant m'aſſis ſur ton giron,
Mais en comptant ce qu'auions en penſee,
Sommeil me print, car i'eſtoye bien laſſee.
Finablement m'endormy pres de toy,
Dont contemplas quelque beaulte en moy.
Et te ſentant en ta liberte franche,
Tu deſcouuris ma poictrine aſſez blanche,

Dont de mon ſein les deux pommes pareilles
Veis a ton gre,& tes leures vermeilles
Baiſerent lors les miennes a deſir.
Sans vilainie en moy prins ton plaiſir,
Plus que rauy voyant ta doulce amye
Entre tes bras doulcement endormye.
Car tes beaulx yeulx ne ſ'en pouuoient ſaouler,
Et ſi diſois (pour plus te conſoler)
Semblables motz en gemiſſant'alaine,
O beau Paris,ie ne croy pas que Helaine
Que tu rauis par Venus dedans Grece,
Euſt de beaulte autant que ma maiſtreſſe.
Si on le dit,certes ce ſont abus.
Diſant ces motz,tu veis bien que Phebus
Du haſle noir rendoit ma couleur tainƈte,
Dont te leuas,& couppas branche mainte
De verd Laurier,Cyprés, Cedre,ou ramee,
Dont il ſortoit vne odeur embaſmee,
Et tout au tour de moy la vins eſtendre
Pour preſeruer ma chair ieunette & tendre.
Helas amy,tu ne ſçauois que faire
A me traiƈter,obeyr,& complaire,
Comme celluy du quel i'auois le cueur.
Mais ce pendant,o gentil belliqueur
Ie dormois fort,& fortune veilloit:
Pour noſtre mal las elle trauailloit:
Car quant ie fuz de mon repos laſſee,
En te cuydant donner vne embraſſee

Pour mon las cueur grandement consoller,
En lieu de toy las ie vins accoller
De mes deux brax la flayrante ramee
Qu'autour de moy auois mise & semee,
En te disant, Mon gracieux amy
Ay ie point trop a vostre gre dormy?
N'est il pas temps que d'icy ie me lieue?
Ce proferant, vng peu ie me sulieue,
Ie cherche & cours, ie reuiens & puis voys,
Autour de moy ie ne vy que les boys,
Dont maintesfois i'appellay Pierre, Pierre,
A's tu le cueur endurcy plus que pierre,
De me laisser en cestuy boys absconse?
Quant de nully n'euz aucune response,
Et que ta voix point ne me reconforte,
A terre cheuz comme transsye ou morte:
Et quant apres mes langoreux espritz
De leur vigueur furent vng peu surpris,
Semblables motz ie dys de cueur & bouche.
Helas amy, de prouesse la souche,
Ou es allé? Es tu hors de ton sens
De me liurer la douleur que ie sens
En ce boys plain de bestes inhumaines?
M'as tu osté les plaisances mondaines
Que ie prenoys en la maison mon Pere,
Pour me laisser en ce cruel repaire?
Las qu'as tu faict de t'en partir ainsi?
Penses tu bien que puisse viure icy?

Que t'ay ie faict, O cueur lasche & immonde?
Se tu estoys le plus noble du monde,
Ce vilain tour si rudement te blesse,
Qu'oster te peult le tiltre de Noblesse.
O cueur remply de fallace & fainctise.
O cueur plus dur que n'est la roche bise.
O cueur plus faulx qu'onques nasquit de mere.
Mais responds moy a ma complaincte amere,
Me promis tu en ma chambre paree,
Quant te promis suyure iour & seree,
De me laisser en ce boys en dormant?
Certes tu es le plus cruel Amant,
Qui oncques fut, d'ainsi m'auoir fraudee.
Ne suys ie pas la seconde Medee?
Certes ouy, & a bonne raison
Dire te puis estre l'autre Iason.
Disant ces motz, d'ung animé courage
Te vays querant comme pleine de rage
Parmy le boys sans doubter nulz trauaulx.
Et sur ce poinct rencontray noz cheuaulx
Encor liez, paissans l'herbe nouuelle,
Dont ma douleur renforce & renouuelle:
Car bien congneu que de ta voulenté
D'auecques moy ne t'estoys absenté.
Si commençay comme de douleur taincte,
Plus que deuant faire telle complaincte.
Or voy ie bien (Amy) & bien appert
Que maulgre toy en cestuy boys desert

Suys demouree. O Fortune indecente
Ce n'est pas or, ne de l'heure presente
Que tu te prens a ceulx de haulte touche
Et aux loyaulx. quel rancune te touche?
Es tu de dueil aggrauee & pollue
Dont nostre amour n'a esté dissolue?
O cher amy, o cueur doulx & begnin
Que n'ay ie prins de Clotho le venin
Auecques toy? vouloys tu que ma mort
Touchee fust de plus aspre remord?
Ie te promectz qu'oncques a creature
Il ne suruint si piteuse aduenture:
Et a grant tort te nommay par blason
Le desloyal, qui conquist la toison.
Pardonne moy, certes ie m'en repens.
O fiers Lyons, & venimeux serpentz
Crapaulx enflez, & toutes aultres bestes
Courrez vers moy, & soyez toutes prestes
De deuorer ma ieune & tendre chair
Que mon amy n'a pas voulu toucher
Qu'auec honneur. Ainsi morne demeure
Par trop crier, & plus noire que meure,
Sentãt mõ cueur plus froid que glace ou marbre:
Et de ce pas monte dessus vng arbre
A grant labeur. lors ma veue s'espart
En la forest, mais en chascune part
Ie n'entendy que les voix treshideuses
Et hurlement des bestes dangereuses.

De tous costez regardoys pour sçauoir
Si le tien corps pourroye apperceuoir.
Mais ie ne vy, que celluy boys sauuaige,
La mer profonde, & perilleux riuage
Qui durement fist mon mal empirer.
La demouray (non pas sans souspirer)
Toute la nuyct, o Vierge tres haultaine
Raison y eut: car ie suys trescertaine
Qu'oncques Tysbé qui a la mort s'offrit
Pour Piramus, tant de mal ne souffrit.
En euitant, que les Loups d'aduenture
De mon corps tien, ne feissent leur pasture,
Toute la nuyct ie passay sans dormir
Sur ce grant arbre, ou ne feiz que gemir.
Et au matin, que la claire Aurora
Par les climatz esclaircy le iour a,
Me descendy, triste, morne, & pallie.
Et noz Cheuaulx, en plourant ie deslie,
En leur disant, Ainsi comme ie pense
Que vostre maistre au loing de ma presence
S'en va errant, par le monde en esmoy,
C'est bien raison (que comme luy & moy)
Allez seulletz, par boys, plaine & champaigne.
Adonc rencontray vne haulte montaigne
Et de ce lieu, les Pelerins errans
Ie pouoys veoir, qui tiroient sur les rengs
Du grant chemin de Romme, sainct, & digne.
Lors deuant moy vys vne Pelerine

A qui donnay mon Royal vestement
Pour le sien poure,& des lors promptement
La tienne amour si m'incita grant erre
A te chercher en haulte Mer & terre
Et maintesfois de ton nom m'enqueroye,
Et Dieu tout bon souuent ie requeroye
Que de par toy ie fusse rencontree.
Tant cheminay,que vins en la contree
De Lombardie,en soucy tresamer,
Et de ce lieu me gettay sur la mer,
Ou le bon vent si bien la Nef auance
Qu'elle aborda au pays de Prouence,
Ou mainte gent en allant me racompte
De ton depart,& que ton pere Conte
De ce pays durement s'en contriste.
Ta noble Mere en a le cueur si triste,
Qu'en desespoir l'en conuiendra mourir.
Penses tu point doncques nous secourir?
Veulx tu laisser ceste poure Loyale
Nee de sang & semence Royale
En ceste simple & miserable vie?
La quelle encor de ton amour rauie
En attendant de toy aucun rapport,
Vng Hospital a basty sur vng port
Dict de sainct Pierre, en bonne souuenance
De ton hault nom,& la prend sa plaisance
A gouuerner a l'honneur du hault Dieu
Poures errans malades en ce lieu

O u i'ay basty ces miens tristes escriptz
E n amertume,en pleurs,larmes,& cryz
C omme peux veoir,qu'ilz sont faictz & tyssus
E t si bien voys la main dont sont yssus,
I ngrat seras,si en cest hospital
C elle qui t'a donné son cueur total,
T u ne viens veoir:car virginite pure
T e gardera,sans aucune rompure,
E t de mon corps seras seul iouyssant.
M ais s'ainsi n'est,mon aage florissant
C onsumeray sans ioye singuliere
E n poureté,comme vne hospitaliere.
Doncques(amy)viens moy veoir de ta grace:
C ar tiens toy seur,qu'en ceste poure place
I e me tiendray,attendant des nouuelles
D e toy qui tant mes regretz renouuelles.

Rondeau,du quel les lettres capitalles portent le nom de L'autheur.

COmme Dido, qui moult se courrouça
L ors qu'Aeneas seulle la delaissa
E n son pays,tout ainsi Maguelonne
M ena son dueil, & comme saincte & bonne
E n l'hospital toute sa fleur passa.
Nulle fortune oncques ne la blessa,
T oute constance en son cueur amassa,
M yeulx esperant,& ne fut point felone
Comme Dido.

Aussi celluy qui toute puissance a
Renuoya cil, qui au boys la laissa,
Ou elle estoit, mais quoy qu'on en blasonne,
Tant eut de dueil, que le monde s'estonne
Que d'ung cousteau son cueur ne transpersa
Comme Dido.

L'epistre du despourueu a ma Dame la Duchesse d'Alençon, & de Berry, Seur Vnique du Roy.

SI i'ay emprins en ma simple ieunesse
De vous escrire, o treshaulte princesse,
Ie vous supply, que par doulceur humaine
Me pardonnez, car bon vouloir qui meine
Le mien desir, me donna esperance
Que vostre noble & digne preference
Regarderoit par vng sens tresillustre
Que petit feu ne peut iecter grant lustre.
Autre raison, qui me induict & inspire
A plus en plus le mien cas vous escrire,
C'est qu'une nuyct tenebreuse & obscure
Me fut aduis, que le grand Dieu Mercure
Chef d'eloquence, en partant des haultz cieulx,
S'en vint en terre apparoistre a mes yeulx
Tenant en main sa verge & Caducee
De deux serpens par ordre entrelacee,
Et quant il eut sa face celestine
(Qui des humains la memoire illumine)

Tournee a moy, contenance ne geste
Ne peu tenir voyant ce corps celeste
Qui d'une amour entremeslee de yre
Me commença semblables motz a dire.

MERCVRE dit en forme de Rondeau.

Mille douleurs te feront souspirer
Si en mon art tu ne veulx inspirer
Le tien esperit par cure diligente:
Car bien peu sert la Rhetorique gente,
Si bien & loz on n'en veult attirer.
Et se autrement tu n'y veulx aspirer,
Certes (amy) pour ton dueil empirer.
Tu souffriras des foys plus de cinquante
Mille douleurs.
Donc si tu quiers au grant chemin tirer
D'honneur & bien, vueilles toy retirer
Vers d'Alençon la duchesse excellente,
Et de tes faictz (telz qu'ilz sont) luy presente:
Car elle peut te garder d'endurer
Mille douleurs

L'AVTHEVR.

Apres ces motz ses aelles esbranssa,
Et vers les cours celestes s'en alla
Ce puissant Dieu, mais a peine fut il
Monté au Ciel par son voller subtil,
Que dedans moy (ainsi qu'il me sembla)
Tout le plaisir du monde s'assembla.
Les bons propos, les raisons singulieres

Ie voys cherchant, & les belles matieres
A celle fin de faire oeuure duysante
Pour Dame tant en vertuz reluysante.
Que diray plus? Certes les miens espritz
Furent des lors (comme de ioye espris)
Bien disposez d'une veine subtille
De vous escrire en vng souuerain stille.
Mais tout soubdain (Dame tres vertueuse)
Vers moy s'en vint vne vieille hideuse
Maigre de corps, & de face blesmye
Qui se disoit de Fortune ennemye.
Le cueur auoit plus froid que glace ou Marbre
Le corps tremblant, comme la fueille en l'arbre,
Les yeulx baissez comme de paour estrainčte,
Et s'appelloit par son propre nom Crainte.
Laquelle lors d'ung vouloir inhumain
Me feit saillir la plume hors la main
Que sur Papier lors ie vouloye coucher,
Pour au labeur mes espritz empescher:
Et tous ces motz de me dire print cure
Mal consonans a ceulx du Dieu Mercure.

CRAINTE parlant en forme de Rõdeau.

Trop hardyment entreprens & meffais
O toy tant ieune: oses tu bien tes faičtz
Si mal bastiz presenter deuant celle
Qui de sçauoir toutes autres precelle?
Mal peut aller, qui charge trop grand faiz.
Tous tes labeurs ne sont que contrefaičtz

Au pres de ceulx des Poetes parfaictz
Qui craignent bien de s'adresser a elle
Trop hardyment.
Si ton sens foible aduisoit les forfaictz
Aisez a faire, en tes simples effectz,
Tu diroys bien, que petite nasselle
Trop plus souuent que la grande chancelle:
Et pour autant regarde que tu fais
Trop hardyment.

L'AVTHEVR.

Ces motz finyz, demeure mon semblant,
Triste, transy, tout terny, tout tremblant,
Sombre, songeant, sans seure soustenance,
Dur d'esperit, desnué d'esperance,
Melencolic, morne, marry, musant,
Pale, perplex, paoureux, pensif, pesant,
Foible, failly, foulé, fasché, forcluz,
Confuz, courcé, croyré, crainte, concludz,
Bien congnoissant, que verité disoit
De celle la, que tant elle prisoit:
Dont ie pers cueur, & audace me laisse.
Craincte me tient, doubte me meine en lesse
Plus dur deuient le mien esprit, qu'enclume.
Si ruay ius encre, papier, & plume:
Voyre & de faict proposoys de non tistre
Iamais pour vous, Rondeau, Lay, ou Epistre,
S'i n'eust esté, que sur ceste entreprise
Vint arriuer a tout sa barbe grise,

Vng bon vieillard portant chere ioyeuse,
Confortatif de paroile amoureuse,
Bien ressemblant homme de grant renom,
Et s'appelloit Bon Espoir par son nom.
Lequel voyant ceste femme tremblante,
Autre que humaine a la veoir ressemblante,
Vouloir ainsi mon malheur pourchasser,
Fort rudement s'efforce a la chasser,
En me incitant d'auoir hardy courage
De besongner,& faire a ce coup rage.
Puis folle crainte amye de Soucy
Irrita fort,en l'escriant ainsi.

Bon Espoir,parlant en forme de Ballade.

Va t'en ailleurs faulse vieille dolente,
Grande ennemye a fortune & bon heur,
Sans foruoyer par ta parolle lente,
Ce pouure humain hors la voye d'honneur.
Et toy amy,croy moy,car guerdonneur
Ie te feray,si craintif ne te sens.
Croy donc Mercure,employe tes cinq sens
Cueur & esprit & fantasie toute
A composer noueaulx motz & recens,
En dechassant crainte,soucy,& doubte.
Car celle la vers qui tu as entente
De t'adresser,est plaine de liqueur
D'humilité ceste vertu patente,
De qui iamais vice ne fut vainqueur.

Et oultre plus, c'est la dame de cueur
Mieulx excusant les esperitz & sens
Des Poetes, tant soyent innocens,
Et qui plus tost leurs miseres deboute.
Si te supply a mon vueil condescens,
En dechassant crainte, soucy, & doubte.
Est il possible en vertu excellente
Qu'ung corps tout seul puisse estre possesseur
Des trois beaulx dons, de Iuno l'opulente,
Pallas, Venus: ouy, car ie suys seur
Qu'elle a Prudence, amour, beaulte, doulceur,
Et des vertus encor plus de cinq cens.
Par quoy amy, si tes dictz sont decens,
Tu congnoistras (& de ce ne te doubte)
A quel honneur viennent adolescens
En dechassant crainte, soucy, & doubte.

ENVOY.

Homme craintif tenant rentes & cens
Des Muses, croy si iamais tu descendz
Au lac de paour, qui hors d'espoir te boute,
Mal t'en yra: pource a moy te consens
En dechassant crainte, soucy & doubte.

L'AVTHEVR.

En ce propos grandement trauaillay,
Iusques a tant qu'en sursault m'esueillay
Vng peu deuant que Aurora la fourriere
Du cler Phebus commençast mettre arriere
L'obscurite nocturne sans seiour

Pour esclarcir la belle aulbe du iour.
Si me souuint tout acoup de mon songe,
D'ont la plus part n'est fable ne mensonge.
A tout le moins pas ne fut mensonger
Le bon Espoir qui vint a mon songer,
Car verité feit en luy apparaistre
Par les vertus qu'en vous il disoit estre.
Or ay ie faict au vueil du Dieu Mercure,
Or ay ie prins la hardiesse & cure
De vous escrire a mon petit pouoir,
Me confiant aux parolles d'Espoir
Le bon vieillard vray confort des craintifz,
A droit nommé repaisseur des chetifz,
Car repeu m'a tousiours soubz bonne entente
En la forest nommee Longue attente.
Voyre & encor de m'y tenir s'attend,
Si vostre grace enuers moy ne s'estend.
Parquoy conuient qu'en esperant ie viue,
Et qu'en viuant tristesse me poursuyue.
Ainsi ie suis poursuyt,& poursuyuant
D'estre le moindre & plus petit seruant
De vostre hostel(magnanime Princesse)
Ayant espoir que la vostre noblesse
Me receura,non pour aucune chose
Qui soit en moy(pour vous seruir)enclose.
Non pour priere,requeste,ou Rhetorique:
Mais pour l'amour de vostre frere vnique
Roy des Françoys,qui a l'heure presente

V ers vous m'enuoye, & a vous me presente
D e par Pothon gentil homme honnorable.
E n me prenant, Princesse venerable
D ire pourray que la nef oportune
A ura tiré de la mer d'infortune
M aulgre les ventz iusque en l'isle d'honneur,
L e Pellerin exempté de bon heur.
E t si auray par vng ardent desir,
C ueur & raison de prendre tout plaisir
A esueiller mes esperitz indignes
D e vous seruir pour faire oeuures condignes,
T elz qu'il plaira a vous tres haulte Dame
L es commander, priant de cueur & d'ame
D ieu tout puissant de tous humains le pere,
V ous maintenir en Fortune prospere,
E t dans cent ans prendre l'ame a mercy,
P artant du corps sans douleur ne soucy.

L'epistre du Camp d'Attigny, a ma dicte dame d'Alençon.

Subscription.

Lettre mal faicte & mal escripte
V olle de par cest escriuant
V ers la plus noble Marguerite
Qui soit point au monde viuant.

EPISTRE.

LA main tremblant dessus la blanche carte
M e voy souuent, la plume loing s'escarte,

L'encre blanchist, & l'esprit prend cesse
Quant i'entreprens (tresillustre Princesse)
Vous faire escriptz: & n'eusse prins l'audace,
Mais bon vouloir qui toute paour efface,
M'a dit. Crains tu a escrire soubdain
Vers celle la qui oncques en desdain
Ne print tes faictz? Ainsi a l'estourdy
Me suys monstré (peult estre) trop hardy
Bien congnoissant neantmoins que la faulte
Ne vient si non d'entreprinse trop haulte.
Mais ie m'attendz que soubz vostre recueil
Sera congneu le zele de mon vueil.
Or est ainsi, Princesse magnanime,
Qu'en hault honneur & triumphe sublime
Est florissant en ce Camp ou nous sommes,
Le conquerant des cueurs des gentilz hommes.
C'est mon Seigneur, pour sa vertu loyalle
Esleu en chef de l'armee Royalle,
Ou lon a veu de guerre maintz esbatz,
Aduenturiers esmouuoir gros combatz,
Pour leur plaisir sur petites querelles
Glaiues tirer, & briser allumelles,
S'entrenaurantz de façon fort estrange,
Car le cueur ont si treshault, qu'en la fange
Plus tost mourront, que fuyr a la lice.
Mais mon Seigneur en y mettant police,
A deffendu de ne tirer espee,
Si on ne veult auoir la main couppee.

Ainſi Pietons n'oſent plus deſgayner,
Dont ſont contrainctz au poil ſ'entretrayner,
Car ſans combatre ilz languiſſent en vie,
Et croy (tout ſeur) quilz ont trop plus d'enuie
D'aller mourir en guerre honneſtement,
Que demourer chez eulx oyſiuement.
Ne penſez pas Dame ou tout bien abonde,
Qu'on puiſſe veoir plus beaulx hõmes au mõde.
Car (a vray dire) il ſemble que nature
Leur ayt donné corpulence & facture
Ainſi puiſſante, auec le cueur de meſmes
Pour conquerir ſceptres & diadeſmes,
En Mer, a pied, ſur Courſiers ou Genetz.
Et ne deſplaiſe a tous noz Lanſquenetz
Qui ont le bruyt de tenir aucun ordre,
Mais a ceulx cy n'a point tant a remordre.
Et qui d'entre'ulx l'honneſteté demande,
Voyſe orendroit voir de Mouy la bande
D'auenturiers yſſuz de nobles gens.
Nobles ſont ilz, pompeux & diligens,
Car chaſcun iour au camp ſoubz leur enſeigne
Font exercice, & l'ung a lautre enſeigne
A tenir ordre, & manier la picque,
Ou le verdun, ſans prendre noyſe ou picque.
De l'autre par ſoubz ſes fiers Eſtandartz
Meine Boucal mille puiſſans Souldartz
Qui ayment plus debatz & groſſes guerres,
Qu'ung laboureur bonne paix a ſes terres.

Et que ainsi soit, quant rudement se batent,
A duis leur est proprement qu'ilz s'esbatent.
D'autre coste voyt on le plus souuent
Lorges getter ses enseignes au vent
Pour ses Pietons faire vsiter aux armes,
Lors que viendront les perilleux vacarmes.
Grans hommes sont, en ordre, & triumphans,
Ieunes, hardyz, roides comme Elephans,
Fort bien armez, corps, testes, bras, & gorges.
Aussi dit on les hallecretz de Lorges.
Puis de Mouy les nobles & gentilz,
Et de Boucal les hommes peu craintifz.
Brief, Hercules, Montmoreau, & D'asnieres,
Ne font pas moins triumpher leur Bannieres,
Si que deça on ne sçauroit trouuer
Homme qui n'ayt desir de s'esprouuer
Pour acquerir par hault oeuure bellique,
L'amour du Roy le vostre Frere vnique.
Et par ainsi en bataille ou assault,
N'y aura cil qui ne preigne cueur hault,
Car la plus part si hardiment yra,
Que tout le reste au choc s'enhardyra.
De iour en iour vne champaigne verte
Voyt ont icy de gens toute couuerte,
La picque au poing, les trenchentes espees
Ceinctes a droict, chaussures decouppees,
Plumes au vent, & hault Fiffres sonner
Sur gros Tabours qui font l'air resonner.

Au ſon deſquelz, d'une fiere façon
Marchent en ordre, & font le lymaçon
Comme en bataille, affin de ne faillir
Quant leur fauldra deffendre, ou aſſaillir,
Touſiours cryant, Les ennemys ſont noſtres.
Et en tel point ſont les ſix mil Apoſtres
Deliberez ſoubz l'eſpee ſainct Pol,
Sans qu'aucun d'eulx ſe monſtre laſche ou mol.
Souuenteſfois par deuant la maiſon
De Monſeigneur viennent a grant foiſon
Donner l'aubade, a coups de hacquebutes
D'ung autre accord qu'eſpinettes ou fluſtes.
Apres oyt on ſur icelle prairie,
Par grant horreur bruyre l'artillerie,
Comme canons doubles & racourciz,
Chargez de pouldre & gros boulletz maſſifz,
Faiſans tel bruyt, qu'il ſemble que la terre
Contre le ciel vueille faire la guerre.
Voy la comment (Dame treſrenommee)
Triumphamment eſt conduicte l'armee,
Trop mieulx aymant cõbatre a dure oultrance,
Que retourner (ſans coups ferir) en France.
De monſeigneur qui eſcrire en vouldroit,
Plus cler eſprit que le mien y fauldroit.
Puis ie ſens bien ma plume trop ruralle
Pour exalter ſa maiſon liberalle
Qui a chaſcun eſt ouuerte & patente.
Son cueur tant bon, gentilz homme contente,

Son bon vouloir gens de guerre entretient,
Sa grant vertu bonne iustice tient,
Et sa iustice en guerre la Paix faict
Tant que chascun va disant (en effect)
Voicy celluy tant liberal & large,
Qui bien merite auoir Royalle charge.
C'est celluy la, qui tousiours en ses mains
Tient, & tiendra, l'amour de tous humains:
Car puis le temps de Cesar dict Auguste
On n'a point veu Prince au monde plus iuste.
Tel est le bruyt qui de luy court sans cesse
Entre le peuple, & ceulx de la noblesse,
Qui chascun iour honneur faire luy viennent
Dedãs sa chambre, ou maintz propos se tiennẽt
Nõ pas d'oyseaulx, de chiẽs, ne de leurs abboys.
Tous leurs deuis ce sont Haches, gros boys,
Lances, Harnoys, Estandars, Gouffanons,
Salpestre, feu, Bombardes, & Canons.
Et semble aduis a les ouyr parler,
Qu'oncques ne fut memoire de baler.
Bien escriroys encores autre chose,
Mais mieulx me vault rendre ma lettre close
En cest endroit, car les Muses entendent
Mon rude stile, & du tout me defendent
De plus rien dire, affin qu'en cuydant plaire,
Trop long escript ne cause le contraire.
Et pour autant (Princesse cordiale
Tige partant de la fleur Liliale)

Ie vous supply' ceste Epistre en gré prendre,
Me pardonant de mon trop entreprendre
Et m'estimer (si peu que le dessers)
Tousiours de reng de voz tres humbles serfz.
Priant celluy qui les ames heurees
Fait triumpher aux maisons syderees,
Que son vouloir, & souuerain plaisir
Soit mettre a fin vostre plus hault desir.

Epistre en prose a la dicte Dame, touchant l'Armee du Roy en Haynault.

ICy voit on (tresillustre Princesse) du Roy la triumphante Armee, qui vng Mercredy (comme sçauez) s'attendât auoir la bataille, par parolles persuadentes a le bien seruir, esleua le cueur de ses gentz a si voluntaire force, que alors ilz eussent non seulement combatu, mais fouldroyé le reste du monde pour ce iour. Au quel fut veue la haultesse de cueur de maintz Cheualiers, qui par ardant desir voulurent poulser en la flotte des ennemys, lors que en diffamee fuyte tournerent, laissant grant nombre de leurs ruynes en la campaigne, par impetueux oraige d'artillerie, dôt fut attaint le Bastard d'Aimeray si au vif, que le Lendemain fina ses iours a Valenciennes. Apres peut on veoir des anciens Capitaines la rusee conduy-cte, de leurs gentzd'armes la discipline militaire obseruee, l'ardeur des Aduenturiers, & l'ordre des Suysses, auec le triumphe general de l'armee Gallicane, dont la veue seullement a meurdry l'honneur de Haynault, comme le Basilisque premier voyant l'homme mortel. Aultre chose (ma souueraine Dame) ne voyons nous, qui ne soit lamẽtable, comme poures Femmes desolees errantes (leurs enfans au col) au trauers du pays despoillé de verdure par le froid yuernal qui ia les commẽce a poindre. Puis s'en vont chauffer en leurs villes, villaiges & chasteaulx mys a feu, combustion & ruyne totalle, par vẽgeance reciproque, voyre vengeance si confuse & vniuerselle, que noz ennemys propres font passer pitie deuant noz yeulx. Et en telle miserable façon, ceste impitoyable serpente la guerre, a obscurcy l'air pur & nect, par pouldre de terre seiche, par salpestres & pouldres artificielles, & par fumee causee de boys mortel ardant au feu (sans eau de grace) inextinguible. Mais nostre espoir par deça, est, que les prieres d'entre vous nobles Princesses, monterõt si auant es Chambres celestes, que au moyen d'icelles, la Tressacree fille de IESVS CHRIST nommee PAIX, descendra trop plus luysante que Soleil pour illuminer les Regions Gallicques. Et lors sera vostre noble Sang hors du danger d'estre espãdu sur les mortelles plaines. D'autre part, aux cueurs des ieunes dames & damoyselles entrera certaine esperance du retour desiré de leurs maryz, & viuront poures laboureux seurement en leurs habitacles, comme Prelatz en chambres bien nattees. Ainsi bienheuree Princesse, esperons nous la non assez soubdaine venue de Paix, qui toutesfois peut finablement reuenir en despit de guerre cruelle, comme tesmoigne Minfant en sa Comedie de Fatalle destinee, disant

Paix engendre Prosperité,
De Prosperité vient Richesse,
De Richesse, Orgueil, Volupté,
D'orgueil, Contention sans cesse,
Contention la Guerre adresse,
La Guerre engendre Poureté,
La poureté, Humilité,
D'humilité reuient la Paix.
Ainsi retournent humains faictz.

Voyla comment (au pis aller, dont Dieu nous gard) peut reuenir celle precieuse dame, souuent appellee par la nation Françoyse dedans les temples diuins, chantans, Seigneur, donne nous paix. Laquelle nous vueille de bref enuoyer icelluy seigneur & Redẽpteur IESVS, qui vous doint heureuse vie transitoire, & en fin eternelle.

Epistre a la Damoyselle negligente de venir veoir ses Amys.

NE pense pas tresgente Damoyselle,
Ne pense pas que l'amour & vray zelle
Que te portons, iamais finisse & meure
Pour ta trop longue & fascheuse demeure.
Fascheuse est elle, au moins en noz endroitz.
Mais ores quant quarante ans te tiendrois
Loing de noz yeulx, si auroit on (pour veoir)
Record de toy, & dueil de ne te veoir,
Car le long temps, ne l'absence loingtaine
Vaincre ne peut l'amour vraye & certaine.
Si t'aduisons nostre Amye treschere
Que par deça ne se faict bonne chere
Que de t'auoir on ne face vng souhaict.
Si l'ung se rit, si l'autre est a son haict,
Si l'ung s'esbat, & l'autre se recree,
Si tost qu'on tient propos qui nous agree,
Tant que le cueur de plaisir nous sautelle,
Pleust or a Dieu (ce dit l'ung) qu'une telle
Fust or icy. L'autre dit, pleust a Dieu
Qu'ng Ange l'eust transportee en ce lieu.
Mais pleust a Dieu (dit l'autre) que Astarot
L'apportast saine, aussi tost qu'ung garrot.
Voila comment pour ta fort bonne grace
Il n'y a cil, qui son souhaict ne face
D'estre auec toy: & ne pouons sçauoir

Pourquoy ne viens tes amys deça veoir
Le chemin n'est ne fascheux ne crotté.
En moins d'auoir dit vng Obsecro té,
En noz quartiers tu seroys arriuee.
Pour quoy doncq es de nous ainsi priuee?
Possible n'est, que bien t'excuser sceusses.
Bref, nous vouldriõs qu'aussi hault voller peusses
Que le hault mont d'Olympe ou Parnasus,
Ou qu'eusses or le cheual Pegasus
Qui te portast vollant par les prouinces,
Ou qu'a present a ton vouloir tu tinses
Par le licol, par queue, ou par collet
Le bon cheual du gentil Pacollet,
Ou que ton pied fust aussi legier d'onques
Que bische ou cerf, que le Roy chassa onques,
Ou que dela iusque icy courust eau
Qui deuers nous te menast en bateau.
Lors n'aurois tu bonne excuse iamais,
Mais sçauroit on si en oubly tu metz
Les tiens amys, car adoncq ne tiendroit
Fors seulement au bon vouloir & droit
Et a l'amour qui aux gentz donne soing
De venir veoir les amys au besoing:
Quoy qu'enuers toy n'auons peur qu'elle faille:
Mais prions Dieu qu'excuse te defaille,
Affin qu'amour, qui onc ne te laissa
A noz desirs, t'ameine par deça.

L'epiſtre des Iartieres blanches.

DE mes couleurs ma nouuelle alliee
Eſtre ne peut voſtre iambe lyee:
Car couleurs n'ay,& n'en porteray mye
Iuſques a tant que ſ'auray vne amye
Qui me taindra le ſeul blanc que ie porte,
En ſes couleurs de quelque belle ſorte.
Pleuſt or a Dieu,pour mes douleurs eſtaindre
Que vous euſſiez vouloir de les me taindre:
C'eſt qu'il vous pleuſt pour amy me choiſir
D'auſſi bon cueur,que i'en ay bon deſir.
Que dy ie amy?mais pour humble ſeruant,
Quoy que ne ſoye vng tel bien deſſeruant.
Mais quoy?au fort,par loyaulment ſeruir
Ie taſcheroye a bien le deſſeruir.
Bref,pour le moins,tout le temps de ma vie
D'une autre aimer ne me prendroit enuie.
Et par ainſi,quant ferme ie ſeroys
Pour prendre noir,le blanc ie laiſſeroys.
Car fermeté,c'eſt le noir par droicture,
Pource que perdre il ne peut ſa taincture.
Or porteray le blanc ce temps pendant,
Bonne fortune en amours attendant.
Si elle vient,elle ſera receue
Par loyaulté dedans mon cueur conceue.
S'elle ne vient,de ma volunté franche
Ie porteray touſiours liuree blanche

C'est celle la, que i'ayme le plus fort
Pour le present, vous aduisant au fort
Si i'ayme bien les blanches ceincturettes,
I'ayme encor mieulx Dames qui sont brunettes.

Petite Epistre au Roy.

EN m'esbatant, ie faiz Rondeaulx en Rime
Et en rimant, bien souuent ie m'enrime.
Bref, c'est pitie d'entre nous rimailleurs:
Car vous trouuez assez de rime ailleurs:
Et quant vous plait, mieulx que moy rimassez.
Des biens auez, & de la rime assez.
Mais moy a tout ma rime & ma rimaille
Ie ne soustiens (dont ie suys marry) maille.
Or ce me dist (vng iour) quelque Rimart,
Viença Marot, trouues tu en Rime art,
Qui serue aux gentz, toy qui as rimassé?
Ouy vrayment (respons ie) Henry Macé:
Car voys tu bien, la personne rimante
Qui au Iardin de son sens la rime ente,
Si elle n'a des biens en rimoyant,
Elle prendra plaisir en rime oyant:
Et m'est aduis que si ie ne rimoys,
Mon poure corps ne seroit nourry moys
Ne demy iour, car la moindre rimette,
C'est le plaisir ou fault que mon ris mette.
Si vous supply' qu'a ce ieune rimeur
Faciez auoir vng iour par sa rime heur,

Affin qu'on die en proſe & en rimant,
Ce rimailleur qui ſe alloit en rimant,
Tant rimaſſa, rima, & rimonna,
Qu'il a congneu quel bien par rime on a.

Epiſtre pour le Capitaine Bourgeon, a Monſeigneur l'Eſcuyer la Rocque.

Comme a celluy en qui plus fort i'eſpere,
Et que ie tiens pour pere, & plus que pere,
A vous me plains par ceſt eſcript leger
Que ie ne puis de Paris deſloger,
Et ſi en ay vouloir tel comme il fault.
Mais quoy? c'eſt tout, le reſte me deffault.
I'entens cela qui m'eſt le plus duyſant.
Mais que me vault d'aller tant deuiſant?
Venons au poinct, vous ſçauez (ſans reproche)
Que ſuys boyteux, au moins comment ie cloche.
Mais ie ne ſçay ſi vous ſçauez comment
Ie n'ay cheual, ne mulle, ne iument.
Par quoy Monſieur ie vous fais ſçauoir,
A celle fin que m'en faciez auoir.
Ou il fauldra (la choſe eſt toute ſeure)
Que voyſe a pied, ou bien que ie demeure,
Car en finer ie ne m'attens d'ailleurs,
Raiſon pour quoy? Il n'eſt plus de bailleurs,
Sinon de ceulx leſquelz dormyroient bien,

Si vous supply' le trescher seigneur mien,
Baillez assez, mais ne vueillez dormir.
Quant desespoir me veult faire gemir,
Voicy comment bien fort de luy me mocque.
O Desespoir, croy que soubz vne Rocque,
Rocque bien ferme & plaine d'asseurance,
Pour mon secours s'est cachee Esperance.
Si elle en sort, te donnera carriere,
Et pource donc, reculle toy arriere.
Lors Desespoir s'en va saignant du nez,
Mais ce n'est rien si vous ne reschignez:
Car autrement iamais ne cessera
De tourmenter le Bourgeon qui sera
Tousiours Bourgeon sans raisin deuenir,
S'il ne vous plaist de luy vous souuenir.

Epistre faicte pour le Capitaine Raisin au dict Seigneur de la Rocque.

EN mon viuant ie ne te feiz sçauoir
Choses de moy dont tu deusses auoir
Ennuy ou dueil, mais pour l'heure p̃sente,
Trescher seigneur il fault que ton cueur sente
Par amytie & par ceste escripture
Vng peu d'ennuy de ma malle aduenture,
Et m'attends bien qu'en maintz lieux ou yras,
A mes amys ceste Epistre lyras.
Ie ne veulx pas aussi que tu leur celes,
Mais leur diras. Amys i'ay des nouuelles

Du malheureux que Venus la deesse
A forbanny de soulas & lyesse.
Tu diras vray, car maulx me sont venuz
Par le vouloir de impudique Venus,
La quelle feit tant par mer que par terre
Sonner vng iour contre femmes la guerre,
Ou trop tost s'est maint cheualier trouué,
Et maint grant homme a son dam esprouué.
Maint bon courtault y fut mys hors d'alaine,
Et maint mouton y laissa de sa laine:
Bref, nul ne peut (soit par feu, sang, ou myne)
Gaigner prouffit en guerre feminine,
Car leur ardeur est aspre le possible,
Et leur harnoys hault & bas inuincible.
Quant est de moy, ieunesse pouure & sotte
Me feit aller en ceste dure flotte
Fort mal garny de lances & escus.
Semblablement le gentil Dieu Bacchus
M'y amena, acompaigné d'andouilles,
De gros iambons, de verres & gargouilles,
Et de bon vin versé en maint flascon,
Mais ie y receu si grant coup de faulcon,
Qu'il me faillit soubdain faire la poulle,
Et m'enfuyr (de paour) hors de la foulle.
Ainsi nauré, ie contemple & remire,
Ou ie pourrois trouuer souuerain mire,
Et prenant cueur autre que de malade,
Vins circuyr les limites d'Arcade,

La terre neufue, & la grant Tartarie,
Tant qu'a la fin me trouuay en Surie,
Ou vng grant Turq me vint au corps saisir,
Et sans auoir a luy faict desplaisir,
Par plusieurs iours m'a si tresbien frotté
Le dos, les reins, les bras, & le costé,
Qu'il me conuint gesir en vne couche,
Criant les dents, le cueur, aussi la bouche,
Disant helas, O Bacchus puissant Dieu,
M'as tu mené exprés en ce hault lieu
Pour veoir a l'oeil moy le petit raisin
Perdre le goust de mon proche cousin?
Si vne foys puis auoir allegeance,
Certainement i'en prendray bien vengeance,
Car ie feray vne armee legiere,
Tant seulement de lances de fougiere.
Camp de tauerne, & pauoys de iambons,
Et beuf sallé qu'on trouue en mengeant bons,
Tant que du choc rendray tes flascons vuydes,
Si tu n'y metz grant ordre, & bonnes guydes.
  Ainsi i'eslieue enuers Bacchus mon cueur,
Pource qu'il ma priué de sa liqueur,
Me faisant boyre en chambre bien serree,
Fade Tisane auecques eau ferree,
Dont souuent fais ma grant soif estancher.
  Voy la cõment (O Monseigneur tant cher)
Soubz l'estendart de Fortune indignee,
Ma vie fut iadis predestinee.

En fin d'escript bien dire le te vueil,
Pour adoulcir l'aigreur de mon grant dueil,
Car dueil caché en desplaisant cuorage,
Cause trop plus de douleur & de rage
Que quant il est par parolles hors mys,
Ou declairé par lettre a ses amys.
Tu es des miens le meilleur esprouué,
A Dieu celluy que tel i'ay bien trouué.

Fin des Epistres.

COMPLAINCTES ET EPITAPHES, Et premierement

Complaincte du feu Baron Iehan de Malleuille Parisien, qui auec l'Autheur seruit iadis de Secretaire Marguerite de France seur vnique du Roy, & fut tué des Turcqs a Baruth.

A la Terre.

Terre basse ou l'homme se conduict,
Responds (helas) a ma demãde triste,
Ou est le corps que tu auois produict,
Dont le depart me tormente & contriste?

L'auoys tu faict tant bon, tant beau, tant miste,
Pour de son sang taindre le dard pointu
Des Turcqs mauldictz? Las il n'en ont point eu
De plus aymant vray honneur que icelluy
Qui mieulx ayma la mourir en vertus,
Qu'en deshonneur suyure plusieurs batus.
Tel vit encor, qui est plus mort que luy.

A la Mer.

O cruaulté de impetueuses vagues,
Mer variable, ou toute crainte abonde,
Cause mouuant dont trop cruelles dagues
L'ont faict perir de mort tant furibonde
Si hault desir de congnoistre le monde
T'auoit transmis si gentil personnage,
Las failloit il qu'en la fleur de son aage
Par deuers toy si rudement le prinses,
Sans plus reuoir la court des nobles Princes,
Ou tant il est a present regreté?
O mer amere aux mordantes espinces,
Certainement ce qu'arrestes & pinces,
Au gré de tous est trop bien arresté.

A Nature.

Helas Nature ou est la bonne grace
Dont tu le feiz luyre par ses effectz?
Formé l'auoys beau de corps & de face,
Doulx en parler, & constant a ses faictz.

D'honnesteté estoit l'ung des parfaictz,
Car en fuyant les piquans espinettes
D'oysiueté, flustes & espinettes
Bruyre faisoit en tresdouice accordance.
Du luz sonnoit motetz & chansonnettes,
Danser sçauoit auec, & sans sonnettes,
Las or est il a sa derniere danse.

A la Mort.

Las or est il a sa derniere danse,
Ou toy la Mort luy as faict sans soulas
Faire faulx pas, & mortelle cadence
Soubz dur rebec sonnant le grant helas.
Quant est du corps, vray est que meurdry l'as.
Mais de son bruyt ou iamais n'eut friuolle,
Maulgré ton dard par tous climatz il voille,
Tousiours croyssant comme lys qui fleuronne.
Touchant son ame, immortelle coronne
Luy a donné celluy pour qui mourut.
Mais quelque bien encor que Dieu luy donne,
Ie suys contrainct par amour qui l'ordonne,
Le regreter, & mauldire Baruth.

A Fortune.

Fortune helas muable & desreiglee,
Qui du palud de Malheur viens & sors,
Bien as monstré que tu es aueuglee
D'auoir getté sur luy tes rudes sortz,
Car si tes yeulx de inimitié consortz

Eusses ouuertz pour bien apparceuoir
Les grans vertus qu'on luy a veu auoir,
Pitié t'eust meué a le retenir seur,
Mais tu ne veulx de toymesmes rien veoir,
Pour aux humains faire mieulx assauoir,
Que plus te plait cruaulté que doulceur.

Marot conclud.

La Terre dit qu'a bon droit peut reprendre
Ce qu'on a faict, quoy qu'on ayt desseruy.
La Mer respond que sain le sceut bien rendre
En terre ferme, ou soubdain fut rauy.
Nature dit que Mort a l'audiuy
Par dessus elle, & qu'en rien n'en peult mais.
La Mort respond que les plus grans iamais
N'espargnera. & Fortune l'infame
Dit qu'elle est nee a faire tort & blasme.
Laissons la doncq en sa coustume vile,
Et supplions le filz de nostre Dame,
Qu'en fin es cieulx il nous face veoir l'ame
Du feu Baron dit Iehan de Malleuille.

Amen.

Complaincte d'une Niepce sur la mort de sa Tante.

QVe ie sens mon cueur plain de regret
Quant souuent ma pensee reueille
D'ung dueil caché au plus ꝑfond secret

Du myen eſprit, qui pour ſe plaindre veille.
Seigneurs liſans, n'en ſoyez en merueille,
Ains voz douleurs, a la myenne vniſſez,
Ou pour le moins, ne vous eſbahyſſez
Si ma douleur eſt plus qu'autre profunde.
Mais tous enſemble eſtonnez vous aſſez
Comment ie n'ay en mon cueur amaſſez
Tous les regretz qui furent oncq au monde.

Tous les regretz qui furent oncq au monde,
Venez ſaiſir la treſdoulente Niepce
Qui a perdu, par fiere mort immunde
Tante & attente, & entente & lyeſſe,
Perdu (helas) gyſt ſon corps. Et qui eſt ce?
Iehanne Bonté, des meilleures de France.
De qui la vie eſlongnoit de ſouffrance
Mon triſte cueur, & le logeoit auſſi
Au parc de ioye, & au clos d'eſperance.
Mais las ſa mort baſtiſt ma demourance
Au boys de dueil, a l'umbre du ſoucy.

Au boys de dueil, a l'umbre du ſoucy
N'eſtoye au temps de ſa vie proſpere.
Mon ſoulas gyſt ſoubz ceſte terre icy,
Et de le veoir plus au monde n'eſpere.
O mort mordant, o mortel impropere,
Pour quoy helas ton dard me flechiſſoit,
Quant ſon vouloir au mien elle vniſſoit
Par vraye amour naturelle & entiere?
Mon cueur ailleurs ne penſe ne penſoit

Ne pensera: doncques (quoy qu'il en soit)
Si ie me plains, ce n'est pas sans matiere.

Si ie me plains, ce n'est pas sans matiere,
Veu que trop fut horrible cest oraige
De conuertir en terrestre fumiere
Ce corps qui seul a nauré maint courage.
Helas c'estoit celle tant bonne & sage
A qui iadis le Prince des haultz cieulx
Voulut liurer le don tant precieux
D'honnesteté en cueur constant & fort.
Mais dard mortel, de ce fut enuieux,
Dont plus ne vient plaisir deuant mes yeulx:
Tant ay d'ennuy, & tant de desconfort.

Tant ay d'ennuy, & tant de desconfort
Que plus n'en puis, donc en boys ou montaigne
Nymphes laissez l'eau qui de terre sort:
Maintenant fault qu'en larmes on se baigne.
Pour quoy cela? pour de vostre compaigne
Plorer la mort. Mort l'est venu saisir.
Plore Roen, plore ce desplaisir.
En douleur soit tant plaisante demeure:
Et qui aura de soy triste desir,
Vienne auec moy, qui n'ay autre plaisir
Fors seulement l'attente que ie meure.

Fors seulement l'attente que ie meure,
Rien ne me peult alleger ma douleur:
Car soubz cinq poinctz incessamment demeure
Qui m'ont contraincte aymer noyre couleur

Dueil tout premier me plonge en son malheur:
Ennuy sur moy employe son effort:
Soucy me tient, sans espoir de confort:
Regret apres m'oste lyesse pleine:
Peine me suyt, & tousiours me remord.
Par ainsi i'ay pour vne seule mort
Dueil & Ennuy, Soucy, Regret & Peine.

Epitaphe de la dicte Iehanne
Bonté.

Cy est le corps Iehanne Bonté, bouté.
L'esprit au ciel est par bonté monté.

De Longueil homme docte.

O Viateur, cy dessoubz gyst Longueil.
A quoy tient il que ne meines long dueil,
Quant tu entendz sa vie consommee?
N'as tu encor' entendu Renommee
Par les climatz, que son renom insigne
Va publiant a voix, trompe, & buccine?
Si as pour vray, mais si grande est la gloire
Qu'en as ouy, que tu ne le peux croyre.
Va lire doncq (pour en estre asseuré)
Ses beaux escriptz de stile mesuré:
Lors seulement ne croyras son hault pris
Mais apprendras (tant soys tu bien apris)
Si te sera son bruyt tout veritable,
Et la grandeur de ses faictz profitable.

De feu honneste personne le petit Argentier Paulmier d'Orleans.

CY gyst le corps d'ung petit Argentier,
Qui eut le cueur si bon, large, & entier
Qu'en son viuant n'assembla bien aucun
Fors seulement l'amytie de chascun:
La quelle gyst auec luy (comme pense)
Et a laissé pour toute recompense
A ses amys le regret de sa mort.
Doncques passant si pitie te remord,
Ou si ton cueur quelque dueil en reçoit,
Souhaitte luy (a tout le moins) qu'il soit
Autant aymé de Dieu tout pur & munde
Comme il estoit du miserable monde.

De maistre André le Voust iadis Medecin du Duc d'Alençon.

CElluy qui prolongeoit la vie des humains,
A la sienne perdue au dõmage de maintz.
Helas c'estoit le bõ maistre Andre le Voust
Iadis Alençonnoys, ores pasture & goust
De terrestre vermyne, & ores reuestu
De cercueil & de tumbe, & iadis de vertu.
Or est mort Medecin du bon Duc d'Alençon
A Nature ainsi fault tous payer la rançon.

De noble Damoiselle Parisienne Catherine Budé.

Mort a rauy Catherine Budé
Cy gyst le corps. Helas qui l'eust cuydé?
Elle estoit ieune, en bon poinct, belle & blanche.
Tout cela chet comme fleurs de la branche:
N'y pensons plus, voyre mais du renom
Quelle merite, en diray ie rien? non:
Car du mary les larmes pour le moins
De sa bonte sont souffisans tesmoings.

De Coquillart, & de ses armes a trois Coquilles d'or.

LA Morre est ieu pire que aux Quilles
Ne que aux eschetz, ne qu'au Quillart
A ce meschant ieu Coquillart
Perdit sa vie, & ses Coquilles.

De frere Iehan l'Euesque Cordelier natif d'Orleans

CY gyst, repose, & dort leans
Le feu euesque d'Orleans.
I'entends l'Euesque en son surnom
Et frere Iehan en propre nom,
Qui mourut l'an Cinq Centz & Vingt
De la Verolle qui luy vint.
Or affin que Sainctes & Anges
Ne preignent ces boutons estranges,
Prions Dieu qu'au frere Frappart
Il donne quelque chambre a part

De Iehan le Veau.

CY gyst le ieune Iehan le Veau,
Qui en sa grandeur & puissance
Fust deuenu Beuf, ou Thoreau:
Mais la mort le print des enfance.
Il mourut veau par desplaisance
Qui fut dommage a plus de neuf
Car on dit (veu sa corporance)
Que c'eust esté vng maistre Beuf.

De Guyon le Roy, qui s'attendoit d'estre Pape auant que mourir.

CY gyst Guyon, Pape iadis & Roy
Roy de surnom, Pape par fantasie
Non marié, de peur (comme ie croy)
D'estre cocu, ou d'auoir ialousie.
Il prefera bon Vin & Maluoysie
Et chair salee, a sa propre santé.
Or est il mort, la face cramoysie
Dieu te pardoint poure Pater sancte.

De Iouan le Fol de ma Dame.

IE fuz Iouan sans auoir femme
Et fol iusque a la haulte game
Tous folz & tous Iouans aussi
Venez pour moy prier icy
L'ung apres l'autre, & non ensemble:
Car le lieu seroit (ce me semble)
Vng petit bien estroict pour tous
Et puis s'on ne parloit tout doulx,

Tant de gens me rompроient mon ſomme.
Au ſurplus, quant quelque ſage homme
Viendra mon Epitaphe lire,
I'ordonne (ſ'il ſe prend a rire)
Qu'il ſoit des folz maiſtre paſſé.
Fault il rire d'ung treſpaſſe?

Du Frere Cordelier Semydieux.

CY gyſt le Cordelier Semydieux
Dont ces vieilles fondent en larmes
Pource qu'il les confeſſoit mieulx
Qu'Auguſtins, Iacobins, ne Carmes.

De feu maiſtre Pierre de Villiers.

CY gyſt feu Pierre de Villiers
Iadis fin entre deux milliers
Et Secretaire de renom
De Françoys premier de ce nom.
Si ſagement viure ſouloit
Que iamais eſtre ne vouloit
(Combien quil fuſt vieil charié)
Prebſtre, ne Mort, ne Marié,
De peur qu'il ne chantaſt l'office,
De peur qu'il n'entraſt en ſeruice,
Et de peur d'eſtre enſeuely.
Et de faict, ie tiens tant de ly,
Ou au moins par tout le bruyt a
Que des troys, les deux euita.
Car iamais on ne le veit eſtre
Au monde Marié, ne Prebſtre.

Mais de mort, ma foy ie croy bien
Qu'il eſt, depuys ne ſcay combien.
Les deux il ſceut bien eſchapper,
Mais le tiers le ſceut bien happer
Mil cinq cens vng & vingt quatre
Non pas happer, mais ſi bien battre
Qu'il dort encor icy deſſoubz.
De ſes pechez ſoit il abſoulz.

Amen.

De Iehan Serre excellent ioueur de Farces.

CY deſſoubz gyſt, & loge en ſerre
Ce treſgentil fallot Iehan Serre
Qui tout plaiſir alloit ſuyuant,
Et grant ioueur en ſon viuant.
Non pas ioueur de detz ne quilles,
Mais de belles farces gentilles.
Auquel ieu iamais ne perdit,
Mais y gaigna bruyt & credit,
Amour & populaire eſtime
Plus que, d'eſcus, comme i'eſtime.
Il fut en ſon ieu ſi adextre
Qu'a le veoir on le penſoit eſtre
Yurongne quant il ſe y prenoit,
Ou Badin ſi l'entreprenoit.
Et n'euſt ſceu faire en ſa puiſſance
Le ſage, car a ſa naiſſance
Nature ne luy feiſt la trongne

Que d'ung Badin, ou d'ung Yuronge,
Toutesfois ie croy fermement
Qu'il ne feit oncq si viuement
Le Badin qui rit ou se mord,
Comme il faict maintenant le mort.
Sa science n'estoit point vile,
Mais bonne, car en ceste ville
Des tristes tristeur destournoit,
Et l'homme aysé en ayse tenoit.
Or bref, qnant il entroit en salle
Auec vne chemise salle,
Le front, la ioue, & la narine
Toute couuerte de farine,
Et coiffé d'ung beguin d'enfant,
Et d'ung hault bonnet triumphant
Garny de plumes de chappons,
Auec tout cela ie responds
Qu'en voyant sa grace niayse,
On n'estoit pas moins gay ny ayse,
Qu'on est aux champs Elysiens.
O vous humains Parisiens,
De le pleurer pour recompense
Impossible est: car quant on pense
A ce qu'il souloit faire & dire,
On ne se peult tenir de rire.
Que dys ie? On ne le pleure point?
Si faict on, & voicy le poinct,
On en rit si fort en maintz lyeux

Que les larmes viennent aux yeulx,
Ainsi en riant on le pleure,
Et en pleurant on rit a l'heure.
Or pleurez, riez vostre saoul,
Tout cela ne luy sert d'ung soul.
Vous ferez beaucoup mieulx (en somme)
De prier Dieu pour le pouure homme.

Fin des Complainctes & Epitaphes.

BALLADES,

Et premierement celle des Enfans sans soucy.

QVi sont ceulx la qui ont si grant enuie
Dedans leur cueur, & triste marrisson,
Dont ce pēdāt que nous sommes en vie,
De Maistre Ennuy n'escoutons la leçon?
Ilz ont grant tort, veu qu'en bonne façon
Nous consommons nostre florissant aage.
Saulter, danser, chanter a l'auantage,
Faulx enuieux, est ce chose qui blesse?
Nenny (pour vray) mais toute gentillesse,
Et gay vouloir qui nous tient en ses las.
Ne blasmez point doncques nostre ieunesse,
Car noble cueur ne cherche que soulas.
Nous sommes druz, chagrin ne no⁹ suyt mye,
De froit soucy ne sentons le frisson:
Mais de quoy sert vne teste endormye?

Autāt qu'ung beuf dormāt pres d'ung buysson.
Languartz picquans plus fort qu'ung Herisson,
Et plus recluz qu'ung vieil Corbeau en caige,
Iamais d'autruy ne tiennent bon langaige,
Tousiours s'en vont songeans quelque finesse,
Mais entre nous nous viuons sans tristesse,
Sans mal penser plus aises que prelatz.
D'en dire mal c'est doncques grant simplesse,
Car noble cueur ne cherche que soulas.
Bon cueur, bon corps, bonne physonomie.
Boire matin, fuyr noyse & tenson,
Dessus le soir pour l'amour de s'amye
Deuant son huys la petite chanson,
Trancher du braue, & du mauuais garson,
Aller de nuyt sans faire aucun oultrage,
Se retirer, voy la le tripotage.
Le lendemain recommencer la presse.
Conclusion, nous demandons lyesse.
De la tenir ne fusmes iamais las,
Et maintenons que cela c'est noblesse,
Car noble cueur ne cherche que soulas.
Prince d'Amours a qui deuons hommage,
Certainement c'est vng fort grant dommage
Que nous n'auons en ce monde largesse
Des grans thresors de Iuno la deesse
Pour Venus suyure, & que Dame Pallas
Nous vint apres resiouyr en vieillesse,
Car noble cueur ne cherche que soulas.

Le cry du Ieu de L'empire d'Orleans.

LAissez a part voz vineuses tauernes,
Museaulx ardens de rouge enluminez,
Renieunissez, saillez de voz cauernes
Vieulx accropiz par aage examinez,
Voicy les iours qui sont determinez
A blasonner, a desgorger & dire,
Voicy le temps que suppostz de l'Empire
Doiuent par droit leurs coustumes tenir.
Si voulez donc passer le temps & rire,
N'y enuoyez, mais pensez de venir.

Harnoys, cheuaulx, fiffres, tabours & trompes,
Riches habitz & grans bragues auoir,
Ce ne sont pas de l'Empire les pompes.
Leurs motz, leur ieu, c'est cela qu'il fault veoir.
Qui vouldra donc des nouuelles sçauoir,
Qui ne sçaura des follies cent mille,
Qui ne sçaura mainte abusion vile,
Sans trop picquer l'en ferons souuenir.
Pourtant Seigneurs de ceste noble ville,
N'y enuoyez, mais pensez de venir.

N'ayez pas paour Dames gentes mignonnes,
Qu'en noz papiers on vous vueille coucher,
Chascun sçait bien qu'estes belles & bonnes,
On ne sçauroit a voz honneurs toucher.
Qui est morueux, si se voyse moucher.

Venez, venez, sotz, saiges, folz & folles,
Vous musequins qui tenes les Escolles
De caqueter, faire, & entretenir,
Pour bien iuger que c'est de noz parolles,
N'y enuoyez, mais pensez de venir.
Prince, le temps & le terme s'approche
Qu'Empiriens par dessus la Bazoche
Triumpheront pour honneur maintenir.
Toutes & tous, si trop fort on ne cloche,
N'y enuoyez, mais pensez de venir.

Ballade d'ung qu'on appelloit Frere Lubin.

POur courrir en poste a la ville
Vingt foys, cent foys, ne sçay combien,
Pour faire quelque chose ville,
Frere Lubin le fera bien,
Mais d'auoir honeste entretien,
Ou mener vie salutaire,
C'est a faire a vng bon Chrestien.
Frere Lubin ne le peult faire.
Pour mettre (comme vng homme habille)
Le bien d'autruy auec le sien,
Et vous laisser sans croix ne pile,
Frere Lubin le fera bien.
On a beau dire, ie le tien,
Et le presser de satisfaire,
Iamais ne vous en rendra rien.

Frere Lubin ne le peult faire.

Pour desbaucher par vng doulx stile
Quelque fille de bon maintien,
Point ne fault de vieille subtile,
Frere Lubin le fera bien.
Il presche en Theologien,
Mais pour boyre de belle eau claire,
Faictes la boyre a nostre Chien,
Frere Lubin ne le peult faire.

Enuoy.

Pour faire plus tost mal que bien,
Frere Lubin le fera bien.
Et si c'est quelque bon affaire,
Frere Lubin ne le peult faire.

Ballade de Marot du temps qu'il apprenoit a escrire au Palais a Paris.

MVsiciens a la voix argentiue,
D'orenauant cõme vng hõme esperdu,
Ie chãteray plus hault que vne buccine,
Helas si i'ay mon ioly temps perdu,
Puis que ie n'ay ce que i'ay pretendu,
C'est ma chanson, pour moy elle est bien deue,
Or ie voys veoir si la guerre est perdue,
Ou s'elle picque ainsi qu'ung Herisson.
A dieu vous dy mon maistre Iehan Grisson,
A dieu Palais, & la porte Barbette,
Ou i'ay chanté mainte belle chanson
Pour le plaisir d'une ieune fillette.

Celle qui c'est, en ieunesse est bien fine,
Ou i'ay esté assez mal entendu.
Mais si pour elle encores ie chemine,
Parmy les piedz ie puisse estre pendu.
C'est trop chanté, sifflé & attendu
Deuant sa porte en passant par la rue.
Et mieulx vauldroit tirer a la charue,
Qu'auoir tel peine: ou seruir vng masson.
Bref, si iamais i'en tremble de frisson,
Ie suis content qu'on m'appelle Caillette.
C'est trop souffert de peine & marisson
Pour le plaisir d'une ieune fillette.

Ie quitte tout, ie donne, ie resine
Le don d'aymer qui est si cher vendu.
Ie ne dy pas que ie me determine
De vaincre Amour, cela m'est defendu,
Car nul ne peult contre son arc tendu:
Mais de souffrir chose si mal congrue,
Par mon serment ie ne suys plus si grue.
On m'a apprins tout par cueur ma leçon,
Ie crains le Guet, c'est vng mauuais garson.
Et puys de nuyct trouuez vne charrette,
Vous vous cassez le nez comme vng glaçon,
Pour le plaisir d'une ieune fillette.

Prince d'amours regnant dessoubz la nue,
Liure la moy en vng lict toute nue,
Pour me payer de mes maulx la façon,
Ou la m'enuoye a l'umbre d'ung buysson,

Car s'elle estoit auecques moy seulette,
Tu ne vis oncques mieulx planter le Cresson
Pour le plaisir d'une ieune fillette.

Ballade a ma Dame la Duchesse d'Alençon, par la quelle Marot la supplye d'estre couché en son estat.

PRincesse au cueur noble & rassis,
La fortune que i'ay suyuie,
Par force m'a souuent assis
Au froit gyron de triste vie.
De m'y seoir encor me conuie,
Mais ie respons (comme fasché)
D'estre assis ie n'ay plus d'enuie,
Il n'est que d'estre bien couché.

Ie ne suys point des excessifz
Importuns, car i'ay la pepie,
Dont suys au vent comme vng chassis,
Et debout ainsi qu'vne espie.
Mais se vne foys en la copie
De vostre estat ie suys marché,
Ie crieray plus hault qu'une pie.
Il n'est que d'estre bien couché.

L'ung soustient contre cinq ou six
Qu'estre acouldé c'est musardie.
L'autre qu'il n'est que d'estre assis:
Pour bien tenir chere hardye,

L'autre dit, que c'est melodie
D'ung homme de bout bien fiché:
Mais quelque chose que lon dye,
Il n'est que d'estre bien couché.
Princesse de vertu remplye,
Dire puis (comme i'ay touché)
Si promesse m'est acomplie,
Il n'est que d'estre bien couché.

Ballade d'ung Amant ferme en son amour quelque rigueur que sa dame luy face.

PRes de toy m'a faict arrester
Amour qui tousiours me remord.
Mais d'en partir fault m'aprester
Sans plus y poursuyure ma mort.
Bel Accueil qui m'a ris, me mord,
Et tourné ma ioye en destresse,
Pour auoir quis en trop hault port
Premiere & derniere maistresse.
Ha mon cueur que veoy regretter,
Tu cherches trop heureux confort.
Foible suys pour te conquester
Vng chasteau de si grant effort:
Si viuras tu loyal & fort:
Et combien que rigueur t'oppresse,
Ie veulx que la tiennes (au fort)
Premiere & derniere maistresse.
Premiere, car d'autre accointer

Ne me vint oncques en record.
Et derniere, car la quitter
Iamais ie ne ſeray d'accord.
Premiere me ſerre & entord,
Derniere peut m'oſter de preſſe.
Bref, elle m'eſt (ſoit droit ou tort)
Premiere & derniere maiſtreſſe.

Enuoy.

Adieu donc cueur de noble apport,
Taché d'ingratitude expreſſe.
Adieu du ſeruant ſans ſupport,
Premiere & derniere maiſtreſſe.

Ballade de la naiſſance de monſeigneur le Daulphin.

QVant Neptunus puyſſant dieu de la mer,
Ceſſa d'armer Carraques & Gallees,
Les Gallicans bien le deurent aymer,
Et reclamer ſes grans vndes ſallees:
Car il voulut en ces baſſes vallees
Rendre la mer de la Gaulle haultaine
Calme & paiſible, ainſi qu'une fontaine:
Et pour oſter Mathelotz de ſouffrance,
Faire naiger en ceſte eau claire & ſaine
Le beau Daulphin, tant deſiré en France.

Nymphes des boys, pour ſon nom ſublimer
Et eſtimer, ſur la mer ſont allees.
Si furent lors (comme on peut preſumer)
Sans eſcumer les vagues ranallees

Car les forts ventz eurent gorges hallees,
Et ne souffloient sinon a doulce alaine,
Dont Mariniers volgoient en la mer pleine
Sans craindre en riens des oraiges l'oultrance
Bien preuoyans la Paix que leur ameine
Le beau Daulphin, tant desiré en France.

Monstres marins veit on lors assommer
Et consommer tempestes deuallees
Si que les nefz (sans craincte d'abismer)
Nageoient en mer a voylles auallees
Les grans poissons faisoient saultz & hullees,
Et les petitz d'une voix fort sereine
Doulcettement auecques la Seraine
Chantoient au iour de sa noble naissance:
Bien soit venu en la mer souueraine
Le beau Daulphin, tant desiré en France.

Prince marin hayant oeuure villaine,
Ie te supply', garde que la Balaine
Au Celerin plus ne face nuysance:
Affin qu'on ayme en ceste mer mondaine
Le beau Daulphin, tant desiré en France.

Balade du triumphe de Ardres.

AV cãp des Roys, les pl⁹ beaulx de ce mõde
Sont arriuez troys riches estandars.
Amour tiẽt l'ũg de couleur blãche & mũde
Triumphe l'autre, auecques ses souldars
Viuement painct de couleur celestine.

B eaulte apres en ſa main noble & digne
P orte le tiers tainct de vermeille ſorte.
A inſi chaſcun richement ſe comporte
E t en tel ordre & pompe primeraine
S ont venuz veoir la Royalle cohorte
A mour, Triumphe, & Beaulte ſouueraine.
 En ces beaux lieux pluſtoſt que vol d'Aronde
V ient celle amour des celeſtines partz
E t en apporte vne viue & claire vnde
D ont elle eſtainct les fureurs du dieu Mars:
A uecques France, Angleterre enlumyne,
D iſant, il fault que en ce camp ie domine.
P uis a ſon vueil fait bon guet a la porte
P our empecher que diſcorde n'aporte
L a pomme d'or, dont vint guerre inhumaine:
A uſſi affin que ſeulement en ſorte
A mour, Triumphe, & Beaulté ſouueraine.
 Pas ne conuient, que ma plume ſe fonde
A rediger du Triumphe les artz
C ar de ſi grans, en haulteſſe profonde
N'en firent oncq les belliqueux Ceſars.
Que diray plus? richeſſe tant inſigne
A tous humains bien demonſtre & deſigne
D es deux partiz la puiſſance treſforte.
B ref il n'eſt cueur qui ne ſe reconforte
E n ce pays, plus qu'en mer la Seraine
D e veoir regner (apres rancune morte)
A mour, Triumphe, & Beaulté ſouueraine.

Enuoy.

De la beaulté des hommes me deporte:
Et quant a celle aux dames ie rapporte
Qu'en ce monceau laide seroit Helaine.
Parquoy concludz, que ceste terre porte
Amour, Triumphe, & Beaulté souueraine.

Ballade de L'arriuee de Monseigneur d'Alençon en Haynault.

DEVERS Haynault sur les fins de cãpaigne
Est arriué le bon Duc d'Alençon
Auec honneur, qui tousiours l'acompaigne
Comme le sien propre & vray escusson.
La peut on veoir sur la grant plaine vnye
De bons souldars son enseigne munye
Prestz d'employer leurs bras fulminatoire
A repoulser dedans leur territoire
Lourds Hannuyers, gent rustique & brutalle
Voulant marcher sans raison peremptoire
Sur les climatz de France occidentalle.
Prenez hault cueur dõques Frãce & Bretaigne:
Car si en camp tenez fiere façon,
Fondre verrez deuant vous Allemaigne,
Comme au Soleil blanche neige ou glasson.
Fiffres tabours sonnez en armonie.
Aduenturiers, que la picque on manye
Pour les chocquer & mettre en accessoire:
Car desia sont royal possessoire.
Mais (comme croy) destinee fatalle

V eult ruiner leur oultrageuſe gloire
S ur les climatz de France occidentalle.
Doncques Pietons marchãtz ſut la campaigne
F ouldroiez tout, ſans riens prendre a rançon.
P reux Cheualiers, puis que honneur on y gaigne,
V oz ennemyz poulſez hors de larçon.
F aictes rougir du ſang de Germanie
L es clers ruiſſeaux, dont la terre eſt garnie:
S i ſeront mis voz haultz noms en hiſtoire.
F rappez doncq tant de main gladiatoire
Qu'apres leur mort, & deffaicte totalle,
V ous rapportez la palme de victoire
S ur les climatz de France occidentalle.
Princes remplyz de hault loz meritoire
F aiſons les tous (ſi vous me voulez croire)
A ller humer leur Ceruoiſe & Godalle
C ar de noz Vins ont grant deſir de boire
S ur les climatz de France occidentalle.

Ballade de Paix, & de victoire.

Q Vel hault ſouhaict, quel bien heuré deſir
F eray ie las, pour mon dueil qui empire?
S ouhaitteray ie auoir Dame a plaiſir?
D eſireray ie vng regne, ou vng empire?
N enny (pour vray) car celluy qui n'aſpire
Qu'a ſon ſeul bien, trop ſe peut deſuoyer.
P our chaſcun doncq a ſoulas conuoyer,

Souhaitter vueil chose plus meritoire:
C'est que Dieu vueille en bref nous enuoyer
Heureuse paix, ou triumphant victoire.

Famyne vient Labeur aux champs saisir,
Le bras au chef soudaine mort conspire,
Soubz terre veoy gentilz hommes gesir,
Dont mainte Dame en regrettant souspire.
Clameurs en faict ma bouche qui respire.
Mon triste cueur, l'oeil en faict larmoyer,
Mon foible sens ne peut plus rimoyer,
Fors en dolente & pitoyable histoire:
Mais bon espoir me promect pour loyer
Heureuse Paix, ou triumphant victoire.

Ma plume lors aura cause & loysir
Pour du loyer quelque beau Lay escrire.
Bon temps adonc viendra France choysir
Labeur alors changera pleurs en rire.
O que ces motz sont facilles a dire.
Ne sçay si Dieu les vouldra employer.
Cueurs endurciz (las) il vous fault ployer.
Amende toy, o regne transitoire:
Car tes pechez pourroyent bien foruoyer
Heureuse Paix, ou triumphant victoire.

Prince Françoys, faiz discorde noyer,
Prince Espaignol cesse de guerroyer,
Prince aux Anglois garde ton territoire,
Prince du ciel, vueille a France octroyer
Heureuse paix, ou triumphant victoire.

Noel en forme de Ballade,sur le chant,
I'ay veu le temps que i'estoye a basac.

OR est Noel venu son petit trac.
Sus donc aux champs bergeres de respec
Prenons chascun panetiere & bissac,
Fluste flageol,cornemuse & rebec.
Ores n'est pas temps de clorre le bec,
Chantons,saultons,& dansons ric a ric,
Puis allons veoir l'enfant au pouure nic
Tant exalté d'Helye aussi d'Enoc
Et adoré de maint grant Roy & Duc.
S'on nous dit nac,il fauldra dire noc.
Chantons Noel,tant au soir qu'au desiuc.

Colin,Georget,& toy Margot du clac
Escoute vng peu,& ne dors plus illec.
N'a pas long temps sommeillant pres d'ung lac
Me fut aduis,qu'en ce grant chemin sec
Vng'ieune enfant se combatoit auec
Vng grant serpent,& dangereux aspic:
Mais l'enfanteau en moins de dire pic
D'une grant croix luy donna si grant choc
Qui l'abbatit,& luy cassa le suc
Garde n'auoit de dire en ce desroc
Chantons Noel tant au soir qu'au desiuc.

Quant ie l'ouy frapper & tic & tac,
Et luy donner si merueilleux eschec,
L'ange me dist d'ung ioyeulx estomach
Chante Noel en Françoys ou en Grec,

Et de chagrin ne donne plus vng zecq,
Car le serpent a esté prins au bricq.
Lors m'esueillay, & comme fantasticq
Tous mes tropeaulx ie laissay pres vng Roc,
Si m'en allay plus fier qu'ung Archeduc
En Bethleem. Robin, Gaultier & Roch
Chantons Noel tant au soir qu'au desiuc.
Prince deuot souuerain catholicq,
Sa maison n'est de pierre ne de bricq,
Car tous les ventz y soufflent a grant floc.
Et qu'ainsi soit, demandez a sainct Luc.
Sus doncq auant pendons soucy au crocq,
Chantons Noel tant au soir qu'au desiuc.

Ballade de Caresme.

CEssez Autheurs d'escrire en eloquence
D'armes, d'amours, de fables & sornettes,
Venez dicter soubz piteuse loquence
Liures plaintifz de tristes chansonnettes.
N'escriuez d'ormais de couleurs brunettes,
A celle fin que tout dueil y abonde,
Car IESVS christ l'aigneau tout pur & mũde,
Pour nous tirer des enfers detestables,
Endura mort horrible & furibunde
En ces sainctz iours piteux & lamentables.
Romps tes flageolz dieu Pan par violence,
Et va gemir en champestres logettes.
Laissez les boys vous Nymphes d'excellence,

Et vous rendez en cauernes subgettes.
Ne chantez plus, refraignez voz gorgettes
Tous oysselletz, trouble toy la clere onde,
Ciel noircis toy, & d'angoisse profonde
Bestes des champs par cryz espouentables
Faictes trembler toute la terre ronde,
En ces sainctz iours piteux & lamentables.
Riches habitz de noble preference,
Vueillez changer dames & pucellettes
Aux ornemens de dolente apparence,
Et reserrez voz blanches mamellettes.
En temps d'esté florissent violettes,
Et en Yuer seichent par tout le monde.
Donc puis qu'en vous ioye & soulas redonde
Durant les iours a rire conuenables,
Pleurez an moins autant noire que blonde,
En ces sainctz iours piteux & lamentables.
Prince chrestien, sans que nul te confonde,
Presche a chascun qu'a ieusner il se fonde,
Non seulement de metz bien delectables,
Mais de peché, & vice trop immonde,
En ces sainctz iours piteux & lamentables.

Ballade de la Passion nostre seigneur IESVS CHRIST.

LE Pellican de la forest Celique,
Entre ses faictz tant beaux & nouuelletz,
Apres les cieulx & l'ordre archangelique,
Voulut creer ses petitz oysselletz,

Puis s'en volla, les laissa tous seulletz,
Et leur donna pour mieulx sur la terre estre,
La grant forest de Paradis Terrestre,
D'arbres de vie amplement reuestue,
Plantez par luy, qu'on peult dire en tout estre
Le Pellican qui pour les siens se tue.
Mais ce pendant qu'en ramage musique
Chantent au boys comme rossignolletz,
Vng oysselleur cauteleux & inique
Les a deceuz a gluz, rhetz & filletz,
Dont sont banniz des iardins verdeletz.
Car des haultz fruictz trop voulurent repaistre,
Par quoy en lieu sentant pouldre & salpestre,
Par plusieurs ans mainte souffrance ont eue,
En attendant hors du beau lieu champestre
Le Pellican qui pour les siens se tue.
Pour eulx mourut cest oysel deifique,
Car du hault boys plain de sainctz angeletz
Volla ça bas par charite pudique,
Ou il trouua corbeaulx tresordz & laidz,
Qui de son sang ont faict maintz ruisseletz,
Le tourmentant a dextre & a senestre,
Si que sa mort, comme lon peut congnoistre,
A ses petitz a la vie rendue.
Ainsi leur feit sa bonté apparoistre
Le Pellican qui pour les siens se tue.

Enuoy.

Les corbeaulx, sont ces Iuifz exillez,

Qui ont a tort les membres mutillez
Du Pellican, c'est du seul Dieu & maistre,
Les oysselletz sont humains qu'il feit naistre,
Et l'oyselleur la Serpente tortue
Qui les deceut, leur faisant mescongnoistre
Le Pellican qui pour les siens se tue.

Chant Royal de la conception nostre Dame, que Maistre Guillaume Cretin voulut auoir de l'Autheur, le quel luy enuoya auecques ce huictain.

Clement Marot a Monsieur Cretin souuerain Poete Françoys, S.

L'Homme sotart & non sçauant
Comme vng rotisseur qui laue Oye,
La faulte d'aucun nonce auant
Qui la congnoisse ne la voye.
Mais de hault sçauoir la voye
Sçaurez par trop mieulx m'excuser
D'ung gros erreur si faict l'auoye
Qu'ung amoureux de muscq vser.

Chant Royal.

LOrs que le Roy par hault desir & cure
Delibera d'aller vaincre ennemys,
Et retirer de leur prison obscure

Ceulx de ſon oſt a grans tourmens ſubmis,
Il enuoya ſes Fourries en Iudee
Prendre logis ſur place bien fondee,
Puys commanda tendre en forme facile
Vng pauillon pour exquis domicile,
Dedans lequel dreſſer il propoſa
Son lict de camp, nommé en plain concile
La digne couche ou le Roy repoſa.
Au pauillon fut riche paincture,
Monſtrant par qui noz pechez ſont remis.
C'eſtoit la nue ayant en ſa cloſture
Le iardin clos a tous humains promis
La grant Cité des haultz cieulx regardee,
Le lyz royal, l'oliue collaudee,
Auec la tour de Dauid immobile,
Par quoy l'ouurier ſur tous le plus habile,
En lieu ſi noble aſſiſt & appoſa.
(Mettant a fin le dict de la Sibylle)
La digne couche ou le Roy repoſa.
D'antique ouurage a composé Nature
Le boys du lict, ou n'a vng poinct omis,
Mais au coiſſin plume treſ blanche & pure
D'ung blanc coulomb le grant ouurier a mys,
Puis charité tant quiſe & demandee,
Le lict prepare auec Paix accordee.
Linge treſpur dame Innocence file,
Diuinite les trois rideaulx enfile,
Puis a l'entour les tendit & poſa,

Pour preſeruer du vent froit & immobile,
La digne couche ou le Roy repoſa.
Aucuns ont dit noire la couuerture,
Ce qui n'eſt pas, car du ciel fut tranſmis
Son luſtre blanc ſans autre art de tainĉture.
Vng grant paſteur l'auoit ainſi permis,
Lequel iadis par grace concordee,
Des ſes aigneaulx la toiſon bien gardee
Tranſmiſt au cloz de Nature ſubtile,
Qui vne en feit la plus banche & vtile,
Qu'oncques ſa main tyſſut ou compoſa,
Dont elle orna (oultre ſon commun ſtile)
La digne couche ou le Roy repoſa.
Pas n'eut vng ciel faiĉt a frange & figure
De fins Damas, Sargettes, ou Samys,
Car le hault Ciel que tout rond on figure,
Pour telle couche illuſtrer fut commis.
D'ung tour eſtoit ſi precieux bordee,
Qu'onques ne fut de vermine abordee.
N'eſt ce donc pas d'humanité fertile
Oeuure bien faiĉt? veu que l'Aſpic hoſtile
Pour y dormir approcher n'en oſa?
Certes ſi eſt, & n'eſt a luy ſeruile
La digne couche ou le Roy repoſa.

Enuoy.

Prince, ie prens en mon ſens puerile,
Le Pauillon pour ſainĉte Anne ſterile,
Le Roy pour Dieu qui aux Cieulx repoſa,

Et MARIE eſt(vray comme l'Euangile)
La digne couche ou le Roy repoſa.

Icy finiſſent les Ballades.

RONDEAVLX,

Et premierement

Rondeau reſpõſif a vng autre qui ſe cõmẽçoit, Maiſtre Clemẽt mon bon amy.

EN vng Rondeau ſur le commencement
Vng vocatif, comme, Maiſtre Clement,
Ne peult faillir rentrer par huys ou porte.
Aux Poetes ſçauans ie m'en rapporte,
Qui d'en vſer ſe gardent ſagement.
Bien inuenter vous fault premierement
L'inuention de chiffrer proprement,
Si que Raiſon & Rime ne ſoit morte
En vng Rondeau.
Vſez de motz receuz communement,
Rien ſuperflu n'y ſoit aucunement,
Et de la fin quelque bon propoz ſorte.
Clouez tout court, rentrez de bonne ſorte,
Maiſtre paſſé ſerez certainement
En vng Rondeau.

A vng Creancier.

VNg bien petit de pres me venez prendre
Pour vous payer. Et ſi debuez entendre
Que ie n'euz onc Angloys de voſtre taille,

Car a tous coups vous criez baille baille,
Et n'ay dequoy contre vous me defendre.
Sur moy ne fault telle rigueur estendre,
Car de pecune vng peu ma bourse est tendre,
Et toutesfois i'en ay vaille que vaille
Vng bien petit.
Mais a vous veoir (ou lon me puisse pendre)
Il semble aduis qu'on ne vous vueille rendre
Ce qu'on vous doit. Beau sire ne vous chaille,
Quant ie seray plus garny de cliquaille,
Vous en aurez, mais il vous fault attendre
Vng bien petit.

Du disciple soustenant son Maistre contre les detracteurs.

DV premier coup entendez ma response
Folz detracteurs, mon maistre vous annonce
Par moy qui suys l'ung de ses clercs nouueaulx,
Que pour rimer ne vous craint deux naueaulx,
Et eussiez vous de sens encor vne once.
Si l'espargnez, tous deux ie vous renonce,
Picquez le doncq mieulx que d'espine ou ronce,
Luy enuoyant des meilleurs & plus beaulx
Du premier coup.
Et tenez bon ensuyuant ma semonce,
Car se vne fois ses deux sourcilz il fronce,
(Et eussiez vous de rimes & rondeaulx

Plain troys barilz,voire quatre tonneaulx)
Ie veulx mourir,s'il ne les vous deffonce
Du premier coup.

De celluy qui incite vne Ieune Dame a faire Amy.

A Mon plaisir vous faictes feu & basme.
Par quoy souuent ie m'estonne,ma dame,
Que vo⁹ n'auez quelque Amy par amours.
Au diable l'ung,qui fera ses clamours
Pour vous prier quant serez vielle lame.
Or en effect ie vous iure mon ame,
Que si i'estoys ieune & gaillarde femme:
I'en auroys vng deuant qu'il fust troys iours
A mon plaisir.
Et pour quoy non?ce seroit grant diffame,
Si vous perdiez ieunesse,bruyt,& fame,
Sans esbransler Drap,Satin,& Velours.
Pardonnez moy si mes motz sont trop lourds,
Ie ne vous veulx qu'apprendre vostre game
A mon plaisir.

De L'amoureux ardent.

AV feu qui mon cueur a choisy,
Iecté y m'a seulle deesse
De l'eau de grace & de lyesse.
Car il est consommé quasi
Amour l'a de si pres saisy,
Que force est,qu'il crye sans cesse
Au feu.

Si par vous en est dessaisy,
A mour luy doint plus grant destresse,
S i iamais sert autre maistresse.
D oncques ma Dame courez y
Au feu.

¶ Rondeau Satyrique.

ON le m'a dit, dague a rouelle,
Que de moy en mal vous parlez.
L e vin qui si bien auallez,
V ous le mect il en la ceruelle?
Vous estes rapporte nouuelle.
D'autre chose ne vous meslez.
On le m'a dit.
Mais si plus vous aduient meselle,
V oz reins en seront bien gallez.
A llez de par le Dyable allez.
V ous n'estes qu'une maquerelle.
On le m'a dit.

¶ A vng Poete ignorant.

QV'on meine aux champs ce coquardeau,
L equel gaste (quant il compose)
R aison, mesure, texte, & glose,
S oit en Ballade, ou en Rondeau.
I l n'a ceruelle ne cerueau,
C'est pour quoy si hault crier i'ose,
Qu'on meine aux champs ce coquardeau.
S'il veult rien faire de nouueau,
Qu'il oeuure hardyment en Prose.
(I'entends s'il en scait quelque chose)

Car en Ryme ce n'est qu'ung veau
Qu'on maine aux champs.

¶ De la Ieune Dame qui a Vieil Mary.

EN languissant, & en griefue tristesse
Vit mon las cueur, iadis plein de lyesse,
Puis que lon m'a donné mary vieillard:
Helas pourquoy? riens ne scait du vieil art
Qu'aprend Venus l'amoureuse Deesse.
Par vng desir de monstrer ma prouesse
Souuent l'assaulx, mais il demande, ou est ce?
Ou dort (peut estre) & mon cueur veille a part
En languissant.
Puis quant ie veulx luy iouer de finesse,
Honte me dit, cesse ma fille, cesse:
Garde t'en bien, a honneur prens esgard.
Lors ie responds, Honte? allez a l'escart,
Ie ne veulx pas perdre ainsi ma ieunesse
En languissant.

¶ Du mal content d'amours.

D'ESTRE amoureux n'ay plus intention.
C'est maintenant ma moindre affection:
Car celle la de qui ie cuydoys estre
Le bien aymé, m'a donné a congnoistre
Qu'au faict d'amours n'y a que fiction.
Ie la pensoys sans imperfection,
Mais d'autre Amy a prins possession:
Et pource plus ne m'en veulx entremettre
D'estre amoureux.

Au temps present par toute nation
Les dames sont comme vng petit syon
Qui tousiours ploye a dextre, & a senestre.
Bref, les plus fins ne s'y scauent congnoistre.
Par quoy concludz, que c'est abusion
D'estre amoureux.

De l'absent de s'amye.

TOut au rebours (dõt cõuiẽt que languisse)
Viẽt mõ vouloir: car de bõ cueur vo⁹ veisse
Et ie ne puis par deuers vous aller.
Chante qui veult, balle qui veult baller:
Ce seul plaisir seullement ie voulsisse.
Et s'on me dit qu'il fault que ie choysisse
De pardeça dame qui m'esiouysse,
Ie ne scauroys me tenir de parler
Tout au rebours.
Si responds franc, i'ay Dame sans nul vice:
Autre n'aura en amours mon seruice.
Ie la desire, & souhaitte voller
Pour l'aller veoir, & pour nous consoler.
Mais mes souhaictz vont comme l'Escreuice
Tout au rebours.

De L'amant doloreux.

AVant mes iours mort me fault encourir
Par vng regard, dont m'as voulu ferir.
Et ne te chault de ma griefue tristesse.
Mais n'est ce pas a toy grande rudesse,

Veu que tu peulx si bien me secourir?
Au pres de l'eau me fault de soif perir,
Ie me voy ieune, & en aage fleurir:
Et si me monstre estre plain de vieillesse
Auant mes iours.
Or si i'en meurs, ie veulx Dieu requerir
Prendre mon ame, & sans plus enquerir
Ie donne aux vers mon corps plain de foiblesse.
Quant est du cueur, du tout ie le te laisse
Ce nonobstant, que me faces mourir
Auant mes iours.

A Monsieur de Pothon, pour le prier de parler au Roy.

La ou scauez, sans vous ne puis venir,
Vous estes cil qui pouez subuenir
Facilement a mon cas & affaire,
Et des heureux de ce monde me faire,
Sans qu'aucun mal vous en puisse aduenir.
Quant ie regarde & pense a l'aduenir,
I'ay bon vouloir de sage deuenir:
Mais sans support ie ne me puis retraire
La ou scauez.
Malle fortune a voulu maintenir
Et a iuré de tousiours me tenir
Mais (monseigneur) pour l'occire & deffaire
Enuers le Roy vueillez mon cas parfaire,
Si que par vous ie puisse paruenir
La ou scauez.

¶ De la mort de monsieur de Chissay.

D'Vng coup d'estoc, Chissay noble homme & fort
L'an dix & sept, soubz malheureux effort
Tomba occis au moys qu'on seme l'Orge,
Par Pomperan, qui de Boucal & Lorge
Fut fort blessé, quoy qu'il resistast fort.
Chissay beau, ieune en credit & support
Feit son deuoir au combat & abort:
Mais par hazart fut frappé en la gorge
D'ung coup d'estoc.
D'ont vng chascun de dueil ses leures mord
Disant, helas, l'honneste homme est il mort!
Pleust or a Dieu & monseigneur sainct George,
Que tout baston eust esté en la forge
Alors qu'il fut ainsi nauré a mort
D'ung coup d'estoc.

A vng Poete Françoys.

MIeulx resonant, qu'a bien louer facille
Est ton renom vollant du domicille
Palladial vers la terrestre gent,
Puis vers les cieulx, dont as le tiltre gent
D'aigle moderne, a suyure difficille.
Ie dy moderne antique, en façons mille,
Ce qui pres toy me rend bas & humille,
D'autant que Plomb est plus sourd que l'Argent
Mieulx resonant.
Ainsi ma plume en qui bourbe distille,

Veult esclarcir l'onde claire & vtille,
Dont le grauier est assez refulgent
Pour troubler l'oeil de l'esprit indigent,
Qui en tel cas a besoing d'autre stille
Mieulx resonant.

Au seigneur Theocrenus lisant a ses disciples.

PLus profitable est de t'escouter lire,
Que d'Apollo ouyr toucher la lyre,
Ou ne se prend plaisir que pour l'oreille:
Mais en ta langue ornee & non pareille,
Chascun y peut plaisir & fruict eslire.
Ainsi d'autant qu'ung Dieu doit faire & dire
Mieulx qu'ung mortel, chose ou n'ait que redire:
D'autant il fault estimer ta merueille
Plus profitable.
Bref, si dormir, plus que veiller peut nuyre,
Tu dois en loz par sus Mercure bruyre:
Car il endort l'oeil de celluy qui veille:
Et ton parler les endormiz esueille,
Pour quelque iour a repos les conduyre
Plus profitable.

A Estienne du Tēple, docte en lettres Latines

TANT est subtil, & de grande efficace
Le tien esprit, qu'il n'est homme qui face
Chose qui plus honneur & loz conserue:
Et ce qu'as faict, Roy, Seigneur, Serf, ne Serue,
Ne le feit onc, ie mectz raison en face.

Qui veult descendre en la vallee basse,
Monté doit estre auant en haulte place:
Mais ton esprit tout le contraire obserue:
Tant est subtil.
Descendu es des temples quant a race:
Et puis monté au temple quant a grace.
Ie dy au temple excellent de Minerue.
Bref, ton descendre est d'antique reserue,
Et ton monter le ciel crystallin passe:
Tant est subtil.

Estienne Clauier a Clement Marot.

POur bien louer vne chose tant digne
Comme ton sens, il fault scauoir condigne:
Mais moy pouuret d'esprit & de scauoir
Ne puis attaindre a si hault conceuoir.
Dont de despit souuent me paiz & disne:
Car ie congnoys que le fons & racine
De tes escriptz ont prins leur origine
Si tres profond, que ie n'y puis rien veoir
Pour bien louer.
Doncq orateurs chascun de vous consigne
Termes dorez puysez en la piscine
Palladiane, & faictes le deuoir
Du filz Marot en telle estime auoir,
Qu'il n'a second en Poesie insigne
Pour bien louer.

Responſe du dict Marot au dict Clauier.

POur bien louer, & pour eſtre loué
De tous eſpritz, tu doibs eſtre alloué
Fors que du mien, car tu me pluſque loues:
Mais en louant plus haultz termes alloues
Que la ſainct Iehan, ou Paſques, ou Noué.
Qui noue mieulx, responds, ou C, ou E:
Bref, i'ay touſiours en eau baſſe noué,
Mais dedans l'eau Caballine tu noues
Pour bien louer.
C, c'eſt Clement contre chagrin Cloué.
E, eſt Eſtienne Eſueillé, Enioué,
C'eſt toy qui maintz de loz treſapte doues,
Mais endroit moy tu faiz Cygnes les Oues,
Quoy que de loz doibues eſtre doué
Pour bien louer.

A ma Dame Iehanne Gaillarde de Lyon, femme de grant ſçauoir.

D'Auoir le pris en ſcience & doctrine,
Bien merita de Piſan la Chriſtine
Durant ſes iours: mais ta plume doree,
D'elle ſeroit a preſent adoree,
S'elle viuoit par volunte diuine:
Car tout ainſi que le feu l'or affine,
Le temps a faict noſtre langue plus fine,
De qui tu as l'eloquence aſſeuree
D'auoir le pris.

Dõcques ma main rẽds toy hũble & benigne
En donnant lieu a la main feminine,
N'escris plus rien en ryme mesuree,
Fors que tu es vne main bienheuree
D'auoir touché celle qui est tant digne
D'auoir le pris.

Responſe au precedent Rondeau par ma dicte Dame Iehanne Gaillarde.

DE m'acquiter, ie me trouue ſurpriſe
D'ung foible eſprit, car a toy n'ay ſçauoir
Correſpondant, tu le peulx bien ſçauoir
Veu qu'en ceſt' art plus qu'autre lon te priſe.
Si fuſſe autant eloquente & appriſe
Comment tu dys, ie ferois mon deuoir
De m'acquiter.
Si veulx prier la grace en toy compriſe,
Et les vertus qui tant te font valoir,
De prendre en gré l'affectueux vouloir,
Dont ignorance a rompu l'entrepriſe
De m'acquiter.

A celluy dont les lettres Capitales du Rondeau portent le nom.

VEu ton eſprit qui les autres ſurpaſſe,
Ie m'eſbahys cõment ie prens audace
Compoſer vers: eſt ce pour te valoir
Touchant ceſt' art: c'eſt plus toſt bon vouloir
Ou franc deſir qui mon cueur induict a ce.

R ien eſt mon faict, le tien eſt don de grace.
B ref, ta façon en peu de ryme embraſſe
R aiſon fort grande, & ſans grant peine auoir
Veu ton eſprit.
O r deſormais ie vueil ſuyure la traſſe
D e ton hault ſens, du quel la vaine paſſe
E ntre les Rocz de profond conceuoir.
A tant me tays, mais ſi en tel ſçauoir
V eulx t'adonner, tu ſeras l'oultrepaſſe
Veu ton eſprit.

A la louenge de ma dame la Ducheſſe d'Alençon ſeur vnique du Roy.

SAns riens blaſmer, ie ſers vne Maiſtreſſe
Qui toute femme ayant noble haulteſſe
P aſſe en vertus, & qui porte le nom
D'une fleur belle, & en Royal ſurnom
D emonſtre bien ſon antique nobleſſe.
E n chaſteté elle excede Lucreſſe
D e vif eſprit, de conſtance & ſageſſe
C e en eſt l'enſeigne, & le droit gouffanon
Sans riens blaſmer.
On pourroit dire, il l'eſtime ſans ceſſe
P ource que c'eſt ſa Dame & ſa Princeſſe.
M ais on ſçait bien ſe ie dy vray, ou non.
B ref, il ne fut en louable renom
D epuis mil ans vne telle Ducheſſe
Sans riens blaſmer.

Marot a ses amys, aux quelz on rapporta qu'il estoit prisonnier.

IL n'en est rien de ce que on vous reuelle.
Ceulx qui l'ont dit, ont faulte de ceruelle,
Car a mon cas il n'y a mesprison,
Et par dedans ne vy iamais prison.
D'oncques amys, l'ennuy qu'auez, ostez le.
Et vous causeurs plains d'enuie immortelle,
Qui vouldriez bien que la chose fust telle,
Creuez de dueil, de despit, ou poyson.
Il n'en est rien.
Ie rys, ie chante en ioye solennelle,
Ie sers ma dame, & me console en elle,
Ie ryme en prose (& peut estre en raison)
Ie sors dehors, ie rentre en la maison.
Ne croyez pas doncques l'autre nouuelle,
Il n'en est rien.

D'ung qui se plainct de Mort & d'Enuie.

DEPVIS quatre ans faulx rapport vitieux,
Et de la Mort le dard pernicieux
Ont faict sur moy tõber maint grãt orage:
Mais l'ung des deux m'a naure en courage
Trop plus que l'autre, & en bien plus de lieux.
Touchant Rapport, en despit de ses yeulx
Ie vy tousiours, riche, sain, & ioyeulx,
Combien qu'a tort il m'ayt faict grant dõmage
Depuis quatre ans.

Mais quant de Mort le remors furieux
S'en vient par foys passer deuant mes yeulx,
Lors suys contrainct de blasmer son oultrage,
Car luy tout seul m'a plus donné de rage,
Que n'a enuie, & tous les enuieux
Depuis quatre ans.

Du soy complaignant de Fortune.

FAulse Fortune, o que ie te vy belle,
Las qu'a present tu m'es rude & rebelle.
O que iadis feiz bien a mon desir?
Et maintenant me fais le desplaisir
Que ie craingnoys plus que chose mortelle.
Enfans nourriz de sa gaulche mammelle
Composons luy (ie vous prie) vng libelle
Qui picque dru, & qui morde a loysir
Faulse Fortune.
Par sa rigueur (helas) elle m'expelle
Du bien que i'ay, disant, puis qu'il vient d'elle,
Qu'elle peut bien du tout m'en dessaisir:
Mais en fin mort, mort me fera gesir,
Pour me venger de sa seur la cruelle
Faulse Fortune.

A ma Dame de Bazauges estant prisonniere.

DE fortune trop aspre & dure
Peut trop souffrir vng poure corps,

Si par parolle ne mect hors
La cause pour quoy il endure.
Mais soubz constante couuerture,
Peut on bien declairer les sors
De fortune.
D'en dessirer robbe & ceincture,
Crier & faire telz effortz,
Tout cela ne sert de riens, fors
A plus indigner la nature
De fortune.

Du confict en douleur.

SI i'ay du mal, maulgré moy ie le porte:
Et s'ainsi est qu'aucun me reconforte,
Son reconfort ma douleur point n'appaise.
Voy la comment ie languis en mal aise,
Sans quelque espoir de lyesse plus forte.
Et fault qu'ennuy iamais de moy ne sorte,
Car mon estat fut faict de telle sorte
Des que fuz né, pourtant ne vous desplaise
Si i'ay du mal.
Quant ie mourray, ma douleur sera morte,
Mais ce pendant mon poure cueur supporte
Mes tristes iours en fortune mauuaise,
Dont force m'est que mon ennuy me plaise,
Et ne fault plus que ie me desconforte
Si i'ay du mal.

Rondeau par contradictions.

EN eſperant, eſpoir ne deſeſpere,
Tant que la mort m'eſt vie treſproſpere,
Me tourmentant de ce qui me contente,
Me contentant de ce qui me tourmente
Pour la douleur du ſoulas que i'eſpere.
Amour hayneuſe en aigreur me tempere,
Puis temperance aſpre comme vipere
Me refroidiſt ſoubz chaleur vehemente
En eſperant.
L'enfant auſſi qui ſurmonte le pere,
Bande ſes yeulx pour veoir mon impropere,
De moy ſ'enfuyt, & iamais ne ſ'abſente:
Mais ſans bouger, va en obſcure ſente
Cacher mon dueil, affin que mieulx appere
En eſperant.

Aux Amys & Seurs de feu Claude Perreal, Lyonnois.

EN grant regret ſi pitie vous remord,
Pleurez l'amy Perreal qui eſt mort.
Vous ſes amys chaſcun preigne ſa plume,
La mienne eſt preſte, & bon deſir l'alume
A deplourer (de ſa part) telle mort.
Et vous ſes Seurs, dont maint tableau ſort,
Paindre vous fault pleurantes ſon grief ſort,
Pres de la tombe, en la quelle on l'inhume
En grant regret.

Regret m'en blesse,& si sçay bien au fort
Qu'il fault mourir,& que le desconfort
(Soit court ou long)n'y sert que d'amertume,
Mais vray amour est de telle coustume,
Qu'elle contrainct les Amys plaindre fort
En grant regret.

Du Vendredy sainct.

DVEIL, ou plaisir me fault auoir sans cesse.
Dueil,quant ie voy ce iour plain de rudesse,
Mon redempteur pour moy en la croix pendre.
Ou tout plaisir,quant pour son sang espandre,
Ie me voy hors de l'infernale presse.
Ie riray donc:non,ie prendray tristesse.
Tristesse:ouy,dys ie toute lyesse.
Bref,ie ne sçay bonnement le quel prendre
Dueil,ou plaisir.
Tous deux sont bons selon q̃ Dieu nous dresse,
Ainsi la mort qui le Saulueur oppresse,
Faict sur noz cueurs dueil & plaisir descendre:
Mais nostre mort,qui en fin nous faict cendre,
Tant seulement l'ung ou l'autre nous laisse,
Dueil, ou plaisir.

De la conception nostre Dame.

COmme Nature est en peché ancree,
Par art d'enfer,grace qui nous recree,
Par art du ciel,MARIE en garentit,

Car autrement cil qui se y contentit,
Ne l'eust iamais a son filz consacree.
Mais il peut tout,& veult & luy agrée
Qu'ung filz sacré aye mere sacree,
Ce qu'elle fut,& vice ne sentit,
Comme Nature.
Nature trop de fol desir outree,
Est en peché originel entree,
Et sans baptesme onc homme n'en partit,
Mesmes iamais la Vierge n'en sortit,
Aussi iamais elle n'y fit entree.
Comme Nature.

De la veue des Roys de France & d'Angleterre entre Ardres & Guynes.

De deux grans Roys la noblesse & puissance
Veue en ce lieu,nous donne congnoissance
Que amitie prend courage de Lyon,
Pour ruer ius vieille rebellion,
Et mettre sus de Paix la iouyssance.
Soit en beaulté, sçauoir & contenance,
Les anciens n'ont point de souuenance
D'auoir onc veu si grant perfection
De deux grans Roys.
Et le festin,la pompe,& l'assistance
Surpasse en bien le triumphe & prestance
Qui fut iadis sur le mont Pelyon.
Car de la vint la guerre d'Ilion:

Mais de cecy vient Paix & Alliance
De deux grans Roys.

¶ De ceulx qui alloient sur Mulle au Camp d'Attigny.

AVx champs aux champs Braues, qu'on ne vous trousse.
Prenez harnois, l'arc, la flesche, & la trousse
Pour vous deffendre en Haynault ou Milan,
Et gardez bien d'y empoigner mal an:
Car le drap d'or bien peu sert quant on poulse.
Raison pour quoy: on se y bat & courrousse
Plus que a chasser a quelque beste rousse,
Ou a voller la Pye ou le Milan
Aux champs.
En cestuy camp ou la guerre est si doulce,
Allez sur mulle, auecques vne housse
Aussi tousez qu'ung Moyne ou Capelam:
Mais vous vouldriez estre en Hierusalem,
Quant ce viendra a donner la secousse
Aux champs.

¶ Au Roy pour auoir argent au desloger de Reims.

AV departir de la ville de Reims
Faulte d'argent me rend foible de reins,
Roy des Françoys, voyre de telle sorte
Que ne sçay pas comment d'icy ie sorte:
Car mon cheual tient mieulx que par les creins.
Puis l'hoste est rude, & plain de gros refrains

Bref, ie y lairray Mors, Boſſettes, & Frains,
Ce m'a il dit, ou le Dyable l'emporte
Au departir.
Si vous ſupply Prince que i'ayme & crains,
Faictes miracle, auecques aucuns grains
Reſſuſcitez ceſte perſonne morte:
Ou autrement demourray a la porte
Auec pluſieurs, qui ſont a ce contrainctz
Au departir.

De celle qui pour eſtraines enuoye a ſon Amy vne de ſes couleurs.

Soubz eſperance & attente d'auoir
Reſponſe faicte en plus profond ſçauoir,
Les miens eſpritz vng lourd rondeau t'eſcriuent,
Et deuers toy peu d'eſtraines arriuent
Pour force amour entre nous conceuoir.
Gris, Blãc, & Bleu, ſõt mes couleurs (pourveoir)
Mais du ſeul Gris ie t'ay voulu pouruoir
Dont ſont veſtuz pluſieurs humains qui viuent
Soubz eſperance.
Reçoy le doncq, & vueilles parceuoir
Que les tendans a leurs deſirs ſe veoir
S'arment de Gris, & deſeſpoir ne ſuyuent:
Car par luy ſeul ſouuent de bien ſe priuent
Ceulx qui pourroient mieulx que bien receuoir
Soubz eſperance.

D'ung lieu de plaiſance.

PLus beau que fort ce lieu ie puis iuger,
Par quoy le veulx, non pas comparager
A Ilion, non a Troie la grande,
Mais bien au val tapiſſé de Lauande
Ou ſ'endormit Paris ieune berger.
En ce beau lieu Diane vient loger,
Ne vueillez doncq ſur luy faulte ſonger:
Car il eſt tel comme elle le demande.
Plus beau que fort.
Maintz ennemys le viennent aſſieger,
Dont le plus rude eſt le Serain legier.
L'autre, le Geay, la Paſſe, & la Calande.
Ainſi la dame (a qui me recommande)
S'eſbat a veoir la guerre en ſon verger
Plus beau que fort.

¶ Des Nonnes qui ſortirent du conuent pour ſe aller recreer.

HOrs du conuent lautrehyer ſoubz la couldrette
Ie rencontray mainte Nonne proprette
Suyuant l'Abeſſe en grant deuotion.
Si cours apres, & par affection
Vins aborder la plus ieune & tendrette.
Ie l'arraiſonne, elle plainct & regrette,
Dont ie congneu (certes) que la pourette
Euſt bien voulu autre vacation
Hors du conuent.

Toutes auoient ſoubz veſture ſecrette
Vng tainct vermeil, vne mine ſaffrette.
Sans point auoir d'Amours fruition
Ha (dis ie lors) quelle perdition
Se faict icy, de ce dont i'ay ſouffrette?
Hors du conuent.

¶D'alliance de penſee.

VNg Mardy gras, que Triſteſſe eſt chaſſee,
M'aduint par heur d'amytie pourchaſſee
Vne Penſee excellente & loyalle,
Quant ie diroys digne d'eſtre royalle,
Par moy ſeroit a bon droit exaulcee.
Car de rymer ma plume diſpenſee
Sans me louer, peut louer la Penſee
Qui me ſuruint danſant en vne ſalle
Vng Mardy gras.
C'eſt celle qu'ay d'alliance preſſee
Par ſes attraictz, la quelle a voix baiſſee
M'a dit, Ie ſuys ta Penſee fealle,
Et toy la myenne a mon gre cordialle,
Noſtre alliance ainſi fut commencee
Vng Mardy Gras.

¶D'alliance de grande Amye

DEDANS Paris ville iolye,
Vng iour paſſant Melencolye,
Ie prins alliance nouuelle
A la plus gente Damoyſelle
Qui ſoit d'icy en Italye

D'honnesteté elle est saisye,
Et croy (selon ma fantasye)
Qu'il n'en est gueres de plus belle
Dedans Paris.
Ie ne la vous nommeray mye,
Sinon que c'est ma grant amye:
Car l'alliance se feit telle,
Par vng doulx bayser, que i'euz d'elle:
Sans penser aucune infamye.
Dedans Paris.

¶ De troys alliances.

TANT & plus mon cueur se contente
D'alliances: car autre attente
Ne me sçauroit mieulx assouuir
Veu que i'ay (pour honneur suyuir)
Pensee grant amye & tante.
La pensee est noble & prudente,
La grant amye belle & gente,
La tante en bonté veulx pleuuir
Tant & plus.
Et ce Rondeau ie luy presente:
Mais pour conclusion decente
La premiere ie veulx seruir,
De l'autre l'amour desseruir,
Croire la tierce est mon entente
Tant & plus.

¶ Aux Damoyſelles Pareſſeuſes d'eſcrire a leurs Amys.

BOn iour, & puis, quelles nouuelles?
N'en ſcauroit on de vous auoir?
Si bref ne m'en faictes ſçauoir,
I'en feray de toutes nouuelles.
Puis que vous eſtes ſi rebelles,
Bon veſpre, bone nuyct, bon ſoir
Bon iour.
Mais ſi vous cueillez des Groſelles,
Enuoyez m'en: Car pour tout voir
Ie ſuis gros: mais c'eſt de vous veoir
Quelque matin mes Damoyſelles
Bon iour.

¶ De celluy qui nouuellement a receu Lettres de ſ'amye.

A Mon deſir d'ung fort ſingulier eſtre
Nouueaux eſcriptz õ m'a fait apparaiſtre
Qui m'ont rauy, tãt que fault que par eulx
Aye lyeſſe, ou ennuy langoureux:
Pour l'ung ou l'autre amour ſi m'a faict naiſtre.
C'eſt par vng cueur q̃ du miẽ i'ay faict maiſtre
Voyant en luy toutes vertuz accroiſtre,
Et ne crains fors qu'il ſoit trop rigoureux
A mon deſir.
C'eſt vne dame en faictz & dictz adextre
C'eſt vne dame ayant la ſorte d'eſtre
Fort bien traictant vng loyal amoureux.

Pleust or a Dieu, que fusse assez heureux
Pour quelque iour l'esprouuer & congnoistre
A mon desir.

Des troys couleurs, Gris, Tanné & Noir.

GRis, Tanné, Noir, porte la fleur des fleurs
Pour sa liuree, auec regretz & pleurs,
Pleurs & regretz en sõ cueur elle enferme:
Mais les couleurs dont ses vestementz ferme,
(Sans dire mot) exposent ses douleurs.
Car le Noir dit la fermeté des cueurs,
Gris le trauail, & Tanné les langueurs.
Par ainsi c'est langueur en trauail ferme
Gris, Tanné, Noir.
I'ay ce fort mal par elle & ses valeurs,
Et en souffrant, ne crains aucuns malheurs,
Car sa bonté de mieulx auoir m'afferme,
Ce nonobstant, en attendant le terme,
Me fault porter ces troys tristes couleurs
Gris, Tanné, Noir.

Du soy defiant de l'amour de s'amye.

PLus que en autre lieu de la ronde,
Mon cueur volle comme l'Aronde
Vers toy, en prieres & dictz:
Mais si asprement l'escondiz,
Que noyer le fais en claire vnde.
Dont ne puis croire (ou lon me tonde)
Que ton cueur a m'aymer se fonde,

Quant tous biens me y sont interdictz
Plus qu'en autre lieu.
Car il n'y a Princesse au monde,
Qui m'aymast d'amour si profonde,
Comme celle que tu me dys,
Qui ne m'ouurist le Paradis
De iouyssance ou grace abonde
Plus qu'en autre lieu.

De celluy qui ne pense qu'en s'amye.

Toutes les nuyctz ie ne pense qu'en celle
Qui a le corps plus gent qu'une pucelle
De quatorse ans sur le poinct d'enrager,
Et au dedans vng cueur (pour abreger)
Autant ioly qu'eut oncques Damoyselle.
Elle a beau tainct, vng Parler de bon zelle,
Et le tetin rond comme vne grozelle.
N'ay ie doncq pas bien cause d'y songer
Toutes les nuyctz?
Touchant son Cueur, ie l'ay en ma cordelle,
Et son Mary n'a si non le Corps d'elle:
Mais toutesfois quant il vouldra changer,
Preigne le Cueur, & pour le soulager,
I'auray pour moy le gent Corps de la belle
Toutes les nuyctz.

De celluy qui de nuyct entra chez s'amye.

DE nuyct & iour fault estre aduentureux,
Qui d'amours veult auoir biens plantureux.
Quant est a moy, ie n'euz onc crainte d'ame,

Fors seulement en entrant chez ma Dame,
D'estre apperceu des langartz dangereux.
Vng soir bien tard me feirent si paoureux,
Qu'aduis m'estoit qu'il estoit iour pour eulx:
Mais si entray ie, & n'en vint iamais blasme
De nuyct & iour.
La nuyct ie prins d'elle vng fruict sauoureux,
Au poinct du iour vy son corps amoureux
Entre deux draps plus odorantz que basme.
Mon oeil adoncq qui de plaisir se pasme,
Dist a mes bras, Vous estes bienheureux
De nuyct & iour.

Du content en amours.

LA me tiendray, ou a present me tien,
Car ma Maistresse au plaisant entretien,
M'ayme d'ung cueur tāt bon & desirable,
Qu'on me deuroit appeller miserable,
Si mon vouloir estoit autre que sien.
Et fust ce Helaine au gracieux maintien
Qui me vint dire, Amy fais mon cueur tien,
Ie respondrois, point ne seray muable.
La me tiendray.
Qu'ung chascun doncq voise chercher son biē,
Quant est a moy, ie me trouue tresbien,
I'ay dame belle exquise & honnorable,
Parquoy fusse ie vnze mil ans durable,
Au dieu d'Amours ne demanderay rien.
La me tiendray.

¶De celluy qui est demouré, & s'amye s'en est allee.

TOut a part soy, est melencolieux
Le tien seruant qui s'esloigne des lieux
La ou lon veult chanter, danser & rire,
Seul en sa chambre il va ses pleurs escrire,
Et n'est possible a moy de faire mieulx:
Car quant il pleut, & le Soleil des cieulx
Ne reluist point, tout homme est soucieux,
Et toute beste en son creux se retire
Tout a part soy.
Or maintenant pleut larmes de mes yeulx,
Et toy qui es mon Soleil gracieux,
M'as delaissé en l'ombre de martyre.
Pour ces raisons loing des autres me tire,
Que mon ennuy ne leur soit ennuyeux
Tout a part soy.

¶De celluy de qui l'Amye a faict nouuel Amy.

IVsque a la mort Dame t'eusse clamee,
Mais vng nouueau t'a si bien reclamee,
Que tu ne veulx qu'a son Leurre venir,
Si ne peulx tu chose en moy soustenir,
Pour quoy l'amour deust estre consommee:
Car en tous lieux tousiours t'ay estimee,
Et si on dit que ie t'ay deprimee,
Ie dy que non, & le veulx maintenir
Iusque a la mort.

Dieu doint que pis tu n'en soys renommee
Car s'il est sceu, tu en seras nommee
Femme sans cueur, qui ne s'est peu tenir
D'aller au change, & a grant tort bannir
Celluy qui l'eust parfaictement aymee
Iusque a la mort.

Ⅽ De l'Amant marry contre sa Dame.

DV tout me veulx desheriter
De ton amour, car prouffiter
Ie n'y pourrois pas longue espace,
Veu qu'ung autre reçoit ta grace
Sans mieulx que moy la meriter.
Puis que a toy se veult presenter,
De moy se deura contenter,
Car ie luy quitteray la place
Du tout.
Tes graces sont bien a noter,
On n'y sçauroit mettre ne oster,
Tu as beau corps, & belle face,
Mais ton cueur est plain de fallace,
Voy la qui m'en faict deporter
Du tout.

Rondeau d'alliance de Seur.

PAr alliance ay acquis vne Seur
Qui en beaulté, en grace, & en doulceur
Entre vng millier ne trouue sa pareille,
Aussi mon cueur a l'aymer s'appareille,

Mais d'estre aymé ne se tient pas bien seur.
Las elle m'a nauré de grant vigueur,
Non d'ung cousteau, non par haine ou rigueur,
Mais d'ung baiser de sa bouche vermeille.
Par alliance.
Cil qui la voyt, iouyt d'ung tres hault heur.
Plus heureux est qui parle a sa haulteur,
Et plus heureux a qui preste l'oreille.
Bien heureux donc deuroit estre a merueille
Qui en amours seroit son seruiteur
Par alliance.

¶ D'une Dame ayant beaulte, & bonne grace.

GRANDE vertu, & beaulté naturelle
Ne sont souuent en forme corporelle:
Mais ta forme est en beaulté l'oultrepasse
D'autant que l'or tous les metaulx surpasse,
Et si voit on mainte vertu en elle.
Aussi par tout en volle la nouuelle,
Et ce qui plus ton renom renouuelle,
C'est que tu as (toy seule) double grace,
Grande vertu.
Grace & maintien, & en parolle belle,
Grace en apres que mercy on appelle.
L'une contrainct que t'amour on pourchasse,
L'autre de toy la iouyssance brasse.
Ie te supply' vse enuers moy d'icelle
Grande vertu.

¶ A la ieune Dame melancolique & solitaire.

PAr seule amour qui a tout surmonté,
On trouue grace en diuine bonté,
Et ne la fault par autre chemin querre,
Mais tu la veulx par cruaulte conquerre,
Qui est contraire a bonne volunté.
Certes c'est bien a toy grant cruaulté
De vser en dueil la ieunesse & beaulté
Que t'a donné nature sur la terre
Par seule amour.
En sa verdeur se resiouyst l'esté,
Et sur l'yuer laisse ioyeuseté.
En ta verdeur plaisir doncques asserre,
Puis tu diras (si vieillesse te serre)
A dieu le temps qui si bon m'a esté
Par seule amour.

¶ A vne Dame pour luy offrir cueur & seruice.

TANT seulement ton amour ie demande,
Te suppliant que ta beaulté commande
Au cueur de moy comme a son seruiteur,
Quoy que iamais il ne desseruit heur
Qui procedast d'une grace si grande.
Croy que ce cueur de te cõgnoistre amende,
Et voulentiers se rendroit de ta bende,
S'il te plaisoit luy faire cest honneur
Tant seulement.

Si tu le veulx, metz le ſoubz ta commande.
Si tu le prends, las ie te recommande
Le triſte corps, ne le laiſſe ſans cueur,
Mais loges y le tien qui eſt vainqueur
De l'humble ſerf qui ſon vouloir te mande
Tant ſeulement.

A vne Dame pour la louer.

Rondeau ou toute aigreur abonde,
Va veoir la doulceur de ce monde,
Telle doulceur t'adoulcira,
Et ton aigreur ne l'aigrira.

TROP plus qu'en autre en moy ſ'eſt arreſté
Faſcheux enhuy, car yuer & eſté
N'ay veu que fraude, hayne, vice & oppreſſe
Auec chagrin: & durant ceſte oppreſſe,
Plus mort que vif au monde i'ay eſté.
Mais le mien cueur (lors de vie abſenté)
Commence a viure, & reuenir a ſanté,
Et tout plaiſir vers moy prend ſon adreſſe
Trop plus qu'en autre.
Car maintenant i'apperçoy loyaulté,
Ie voy a l'oeil amour de feaulté,
Ie voy vertu, ie voy plaine lyeſſe.
Bref, ie les voy, voyre mais en qui eſt ce?
C'eſt en vous ſeule, ou gyſt toute beaulté
Trop plus qu'en autre.

¶ A la fille d'ung Paintre d'Orleans, belle entre les autres

AV temps passé Apelles Paintre saige
Feit seulement de Venus le visaige
Par fictiō: mais (pour pl⁹ hault attaindre)
Ton pere a faict de Venus (sans riens faindre)
Entierement la face & le corsage.
Car il est Paintre, & tu es son ouurage
Mieux ressemblant Venus de forme & d'aage,
Que le tableau qu'Apelles volut paindre
Au temps passé.
Vray est qu'il feit si belle son image,
Qu'elle eschauffoit en amour maint courage:
Mais celle la que ton pere a sceu taindre,
Y mect le feu, & a de quoy l'estaindre,
L'autre n'eust pas vng si gros auantage.
Au temps passé.

Du baiser de s'amye.

EN la baisant ma dit. Amy sans blasme,
Ce seul baiser qui deux bouches embasme,
Les arres sont du bien tant esperé.
Ce mot elle a doulcement proferé,
Pensant du tout appaiser ma grant flamme.
Mais le mien cueur adonc plus elle enflamme,
Car son alaine odorant plus que basme,
Soufflait le feu qu'amour m'a preparé
En la baisant.

Brief,mon esprit sans congnoissance d'ame
Viuoit alors sur la bouche a ma dame,
Dont se mouroit le corps enamouré,
Et si s'a l'heure eust gueres demouré
Contre la myenne,elle m'eust sucé l'ame
En la baisant.

Pour vng qui est allé loing de s'amye.

Loing de tes yeulx,t'amour me vient poursuyure.
Autant ou plus qu'elle me scauroit suyure
Aupres de toy: car tu as(pour tout seur)
Si bien graué dedans moy ta doulceur,
Que mieulx grauer ne se pourroit en Cuyure.
Le corps est loing,plus a toy ne se liure:
Touchant le cueur, ta beaulté m'en deliure:
Ainsi ie suys(long temps a)sans mon cueur
Loing de tes yeulx.
Or l'homme est mort qui n'a son cueur deliure:
Mais endroit moy ne s'en peut mort ensuyure:
Car si tu as le mien plain de langueur,
I'ay auec moy le tien plain de vigueur:
Le quel autant que le mien me faict viure
Loing de tes yeulx

LES DIZAINS.

Et premierement

Le Dizain de Barbe & Iaquette.

Vant ie voy Barbe en riche habit duysant,
Qui l'estomach blanc & polly descoeuure,
Ie le compare a Strin bien luysant,
Fort bien taillé, & mieulx getté en oeuure.
Mais quãt ie voys Iaquette qui se coeuure
Le dur tetin, le corps de bonne prise
D'ung simple Gris, acoustrement de Frise,
Adonc ie dy (pour la beaulté d'icelle)
Ton habit Griz est vne cendre grise,
La quelle coeuure vng feu qui estincelle.

ℭLe Dizain de ma Dame Iehanne Gaillarde, Lyonnoise.

C'Est vng grant cas veoir le mont Pelion.
C'est grãt merueille auoir veu la grãt troye
Mais qui ne veoit la ville de Lyon,
Aucuns soulas a ses yeulx il n'ottroye.
Non qu'en Lyon si grant plaisir ie croye,
Mais bien en vne estant dedans sa garde:

Car qui la voit en esprit si gaillarde,
Plaisir y prend, plus que a veoir Ilion:
Et de ce monde vng des haultz cas regarde,
Pource qu'elle est seule entre vng million.

Le Dizain du Monstre a ma dame la Duchesse d'Alençon.

MA Maistresse est de si haulte valeur,
Qu'elle a le corps droit, beau, chaste, & pudique.
Son cueur constant n'est pour heur ou malheur
Iamais trop gay, ne trop melencolique.
Elle a au chef vng esprit angelique,
Le plus subtil qui oncq aux cieulx volla.
O grant merueille, on peut veoir par cela
Que ie suys serf d'ung Monstre fort estrange.
Monstre ie dy, car pour tout vray elle a
Corps feminin, cueur d'homme, & teste d'ange.

Le Dizain de Fermeté.

QVi en Amours veult sa ieunesse esbatre,
Vertus luy sont propres en dictz & faictz:
Mais il ne fault qu'vng vent pour les abatre
Si Fermeté ne soustient bien le faiz.
Ceste vertu & ses seruans parfaictz
Portent le noir qui ne se peut d'etaindre:
Et qui l'amour premiere laisse estaindre,
Le noir habit n'est digne de porter.
Tout homme doibt ceste vertu attaindre.
Si femme y fault, elle est a supporter.

¶Le Dizain des Innocentz.

TRrefchere feur, fi ie fçauoys ou couche
Voftre perfonne au iour des Innocentz,
De bon matin ie yrois a voftre couche
Veoir ce gent corps que i'ayme entre cinq cens,
Adonc ma main (veu l'ardeur que ie fens)
Ne fe pourroit bonnement contenter
Sans vous toucher, tenir, tafter, tenter:
Et fi quelqu'ung furuenoit d'auenture,
Semblant feroys de vous innocenter,
Seroit ce pas honnefte couuerture?

¶Le Dizain du Songe.

LA nuict paffee en mon lict ie fongeoye
Qu'entre mes bras vous tenoys nue a nu:
Mais au refueil fe rabaiffa la ioye
De mon defir, en dormant aduenu:
Adonc ie fuys vers Apollo venu
Luy demander qu'aduiendroit de mon fonge.
Lors luy ialoux de toy longuement fonge:
Puis me refpond. Tel bien ne peux auoir.
Helas m'amour, fais luy dire mon fonge,
Si confondras d'Apollo le fcauoir.

¶Le Dizain de May.

MAy qui pourtoit robe reuerdiffante,
De fleurs femee, vng iour fe mift en place
Et quant m'amye il vit tant floriffante,
De grant defpit rougit fa verte face,
En me difant, Tu cuydes qu'elle efface

(A mon aduis) les fleurs qui de moy yssent.
Ie luy responds, Toutes tes fleurs perissent
Incontinent que yuer les vient toucher:
Mais en tout temps de ma dame florissent
Les grans vertus que mort ne peut secher.

¶ Le Dizain du baiser refusé.

LA nuyct passee a moy s'est amusé
Le Dieu d'Amours, au mois ie le songeoie
Lequel me dit, Poure Amant refusé
D'ung seul Baiser, prens reconfort & ioye:
Ta maistresse est de doulceur la montjoye:
Dont (comme croy) son refuz cessera.
Has (dys ie) Amour, ne sçay quant ce sera.
Le meilleur est, que bien tost m'en retire.
Auec sa Dame a peine couchera
Qui par priere vng seul baiser n'en tire.

BLASONS ET ENVOYS,

Et premierement
Le Blason des Statues de Barbe & de Iaquette esleuees a Saincte Croix d'Orleans, Translaté vers pour vers de Latin en Françoys.

Vers Alexandrins.

ADuint a Orleãs, qu'en tãt de mille d'ames
Vne & vne autre auec nasquirent belles femmes.
Pour d'ung tant nouueau cas salueur marques insignes

On leur a estably deux Statues Marbrines:
Mais on s'enqert pour quoy furẽt, & sont ẽcore
Mises au tẽple auz saictz: & maĩt la cause ignore.
Ie dy qu'õ ne doit mettre ailleurs qu'ẽ saict seiour
Celles a qui ce font prieres nuyct & iour.
Mais q̃lle durté est soubz voz peaux tãt doulcettes
Maint Amãt vous requiert, respõdez femmelettes
Et les sainctz absens oyẽt des priãs les lãgaiges:
Nonobstant, qu'adressez ilz soyẽt a leurs ymages
Mais en parlant a vous, n'entendez noz parolles
Non plus que si parlions a voz sourdes ydolles.

Blason de la Rose enuoyee pour Estreines.

LA belle Rose a Venus consacree
L'oeil & le sens de grant plaisir pouruoit.
Si vous diray Dame qui tant m'agree,
Raison pour quoy de Rouges on en voyt.
Vng iour Venus son Adonis suyuoit
Parmy iardins plains d'Espines & branches
Les piedz to⁹ nudz, & les deux bras sans mãches
Dont d'ung Rosier l'Espine luy messit.
Or estoient lors toutes les Roses Blanches:
Mais de son sang de vermeilles en feit.
De ceste Rose ay ie faict mon proffit
Vous estrenant: car (plus qu'a autre chose)
Vostre visaige en doulceur tout confict
Semble a la fresche & vermeillette Rose.

Le blason du Pin, transmis a celle qui en porte le nom.

L'Arbre du Pin tous les autres surpasse:
Car il ne croist iamais en terre basse,
Mais sur haultz montz sa racine se forme
Qui en croissant prend si tresbelle forme,
Que par forestz ou aucun autre endroit
On ne scauroit trouuer arbre plus droit.
Qui touchera son escorce polye,
Pour ce iour la n'aura melancolye.
Au chef du Pin sont fueilles verdoyantes
Et a son pied fontaines vndoyantes.
Son boys est bon, ou couppé, ou entier:
S'il est couppé hors de son beau sentier,
On en fera ou nauire, ou Gallee
Pour nauiger dessus la mer sallee.
Et s'on le laisse en la terre croissant,
Il deuiendra fertille & florissant,
Et produyra vne tresbelle pomme
Pour substanter le triste cueur de l'homme.
Par ainsi doncq' en terre & sur la mer,
Tout noble cueur le Pin doibt estimer.

Le blason de la Chapelle enuoyé a celle qui en porte le nom, en vers Alexandrins.

LA Chapelle qui est bastie & consacree
Pour le lieu d'oraison, a dieu plait & agree
De cõtres, bas, & haultz la chapelle fournie
Auec taille, & dessus, c'est tresbelle harmonie.

La chapelle ou ſe font eaux odoriferentes,
Donne par ſes liqueurs gueriſons differentes:
Mais toy chapelle viue eſtant de beaulté pleine,
Tu ne fais que donner a tes ſeruiteurs peine.

Blaſon a la louenge du Roy, tranſlaté de Latin en Françoys, en vers Alexandrins.

Celluy qui dit ta grace, eloquence & ſçauoir
Ne eſtre plus grãs que humains, de pres ne t'a peu veoir.
Et a qui ton parler ne ſent diuinité,
De termes & propos n'entend la grauité.
De L'empire du monde eſt ta preſence digne,
Et ta voix ne dit choſe humaine, mais diuine.
Combien doncque diray l'ame plaine de grace,
Si oultre les mortelz tu as parolle & face?

Enuoy pour eſtrener vne Damoyſelle.

DAMOYSELLE que i'ayme bien,
Ie te donne pour la pareille
Tes eſtrenes d'ung petit Chien,
Qui n'eſt pas plus grant que l'oreille.
Il iappe, il mord, il faict merueille,
Et va deſia tout ſeul troys pas,
C'eſt pour toy, ie te l'appareille:
Excepté, que ie ne l'ay pas.

Enuoy Satyrique a Lynote la Lingere meſdiſante.

Lynote
Bigote

Marmote
Qui couldz
Ta note
Tant ſote
Gringote
De nous,
Les Pouls
Les Loups
Les Clouz
Te puiſſent ronger ſoubz la cotte
Treſtous
Tes trous
Ordous,
Les cuyſſes, le ventre, & la motte.

¶ Enuoy d'ung Poete Picard, a Marot.

POetiſer contre vous ie ne veulx,
Mais comme l'ung des enfans ou nepueux
De Calliope, ayantz deſir d'entendre,
Vers vous ie veulx mon entendement tendre.

¶ Enuoy reſponſif au precedent.

POetiſer trop mieulx que moy ſçauez,
Et pour certain meilleure grace auez,
A ce que voy que n'ont pluſieurs & maintz
Qui pour ceſt art mettent la plume es mains.

¶ Enuoy a Maiſtre Grenoille Poete ignorãt.

BIen reſſembles a la Grenoille,
Non pas que tu ſoys aquatique:

Mais comme en l'eau elle barboille,
Si fais tu en l'art Poetique.

¶Enuoy a vng nommé Charon, le conuiant a soupper.

Metz voyle au vẽt, single vers noꝰ Charõ,
Car on t'attend, puis quãt seras en tente
Tant & plus boy bonum vinũ Charum
Qu'aurõs pour vray, dõcques (sans lõgue attẽte)
Tente tes piedz a si decente sente
Sans te fascher, mais en soys content, tant
Qu'en ce faisant nous le soyons autant.

¶Enuoy a celle que son Amy n'ose plus frequenter.

MOn cueur a vous se recommande,
Tout plain d'ennuy & de martyre,
Et pour l'heure ne vous demande
Sinon qu'Adieu vous puisse dire.
Ma bouche qui vous souloit rire,
Et compter propos gracieux,
Ne faict maintenant que mauldire
Ceulx qui m'ont banny de voz yeulx.
Banny i'en suys par faulx semblant,
Mais pour nous veoir encor ensemble,
Fault que me soyez ressemblant
De Fermeté, car il me semble
Que quant faulx Rapport desassemble
Les amans qui sont assemblez,

Si ferme Amour ne les r'assemble,
Tousiours seront desassemblez.

ℭ Fin des Dizains, Blasons & Enuoys.

CHANSONS.

Et premierement.

PLaisir n'ay plus, mais vyz en desconfort,
Fortune m'a remis en grant douleur.
L'heur que i'auoys, est tourné en malheur,
Malheureux est qui n'a aucun confort.
Fort suys dolent, & regret me remord,
Mort m'a osté ma dame de valeur,
L'heur que i'auoys, &c.
Malheureux est, &c.
Valoir ne puis, en ce monde suys mort,
Mort est m'amour, dont suys en grãt langueur,
Langoureux suys plain d'amere liqueur,
Le cueur me part pour sa dolente mort.

Autre Chanson.

SEcourez moy ma Dame par amours,
Ou autrement la mort me vient querir.
Autre que vous ne peult donner secours
A mon las cueur, lequel s'en va mourir.
Helas helas vueillez donc secourir
Celluy qui vit pour vous en grant destresse,
Car de son cueur vous estes la maistresse.

Si par aymer & souffrir nuyctz & iours,
L'amy dessert ce qu'il vient requerir,
Dictes pour quoy faictes si longs seiours
A me donner ce que tant veulx cherir?
O noble fleur, laisserez vous perir
Vostre seruant par faulte de lyesse?
Ie croy qu'en vous n'a point tant de rudesse.
Vostre rigueur me feit plusieurs destours
Quant au premier ie vous vins requerir,
Mais Bel accueil m'a faict d'assez bons tours,
En me laissant maint baiser conquerir.
Las voz baisers ne me sçaiuent guerir,
Mais vont croyssant l'ardant feu qui me presse,
Iouyssance est ma medicine expresse.

¶Vne autre.

Dieu gard ma maistresse & regente,
Gente de corps & de façon,
Son cueur tient le mien en sa tente,
Tant & plus d'ung ardant frisson.
Se on m'oyt poulser sur ma chanson
Son de voix, ou harpes doulcettes,
C'est Espoir qui sans marrisson
Songer me faict en amourettes.
La blanche colombelle belle
Souuent ie voys priant criant,
Mais dessoubz la cordelle d'elle
Me gette vng oeil friant, riant,
En me consommant & sommant

A douleur qui ma face efface,
Dont suys le reclamant amant,
Qui pour l'oultrepasse trespasse.
Dieu des amans de mort me garde,
Me gardant donne moy bon heur,
En le me donnant prens ta darde:
En la prenant naure mon cueur,
En le naurant me tiendray seur,
En seurté suyuray l'accointance,
En l'accointant ton seruiteur,
En seruant aura iouyssance.

Une autre.

IOuyssance vous donneray
Mon amy, & si meneray
A bonne fin vostre esperance.
Viuante ne vous laisseray,
Encores quant morte seray,
L'esprit en aura souuenance.
Si pour moy auez du soucy,
Pour vous n'en nay pas moins aussi,
Amour le vous doit faire entendre:
Mais s'il vous griefue d'estre ainsi,
Appaisez vestre cueur transy.
Tout vient a point qui peult attendre.

Une autre.

I'Attens secours de ma seulle pensee,
I'attens le iour que lon m'escondyra,
Ou que du tout la belle me dira,

A my, t'amour ſera recompenſee.
Mon alliance eſt fort bien commencee,
Mais ie ne ſçay comment il en yra,
Car ſ'elle veult, ma vie perira,
Quoy qu'en amours ſ'attend d'eſtre auancee.
Si i'ay refuz, vienne mort inſenſee,
A ſon plaiſir de mon cueur iouyra.
Si i'ay mercy, adonc ſ'eſiouyra
Celluy qui point n'a ſa dame offenſee.

¶ Vne autre.

AMour & Mort m'ont faict oultrage,
Amour me retient en ſeruage,
Et Mort (pour accroiſtre ce dueil)
A prins celluy loing de mon oeil,
Qui de pres naure mon courage.
Helas Amour, tel perſonnage
Te ſeruoit en fleur de ſon aage,
Mais tu es ingrat a mon vueil
De ſouffrir guerre & ſon orgueil,
Tuer ceulx qui t'ont faict hommage.
Si eſt ce a mon cueur auantaige
De ce que ſon noble corſage
Gyſt enuers, loing de mon accueil,
Car ſi i'auoys veu ſon cercueil,
Ma grant douleur deuiendroit rage.

¶ Vne autre.

CElle qui m'a tant pourmené,
A eu pitié de ma langueur,

Dedans ſon Iardin m'a mené,
Ou tous arbres ſont en vigueur.
Adoncques ne vſa de rigueur.
Si ie la baiſe, elle m'accolle.
Puis m'a donné ſon noble cueur,
Dont il m'eſt aduis que ie volle.
Quant ie vey ſon cueur eſtre mien,
Ie my toute crainte dehors,
Et luy dy, belle ce n'eſt rien
Si entre voz bras ie ne dors.
La Dame reſpondit alors,
Ne faictes plus ceſte demande,
Il eſt aſſez maiſtre du corps
Qui a le cueur a ſa commande.

¶Vne autre.

SI de nouueau i'ay nouuelles couleurs,
Il n'en fault ia prendre esbahyſſement,
Car de nouueau i'ay nouuelles douleurs,
Nouelle amour, & nouueau penſement.
Dueil & ennuy c'eſt tout l'auancement
Que i'ay encor de vous tant amoureuſe.
Si vous ſupply' que mon commencement
Cauſe ne ſoit de ma fin langoureuſe.
Pleuſt or a Dieu (pour fuyr mes malheurs)
Que ie vous tinſſe a mon commandement,
Ou pour le moins que voz grandes valeurs
Ne fuſſent point a mon entendement,
Car voz beaulx yeulx me plaiſent tellement,

Et vostre amour me semble tant heureuse,
Que i'en languis, ainsi voy la comment
Ce qui me plaist, m'est chose doloreuse.

Une autre.

QVant i'ay pensé en vous ma bien aymee,
Trouuer n'en puis de si grande beaulté,
Et de vertu seriez plus estimee
Qu'autre qui soit, si n'estoit cruaulté:
Mais pour vous aymer loyaulment,
I'ay recompense de tourment.
Toutesfois quant il vous plaira,
Mon mal par mercy finera.

Des que mon oeil apperceut vostre face,
Ma liberté du tout m'abandonna:
Car mon las cueur esperant vostre grace,
De moy partit, & a vous se donna.
Or s'est il voulu retirer
En lieu dont ne se peult tirer,
Et vous a trouuee sans si,
Fors qu'estes dame sans mercy.

Vostre rigueur veult doncques que ie meure,
Puis que pitié vostre cueur ne remord,
Si n'aurez vous (de ce ie vous asseure)
Loz ny honneur de si cruelle mort,
Car on ne doit mettre a langueur
Celluy qui ayme de bon cueur.
Trop est rude a son ennemy,
Qui est cruel a son amy.

Vne autre.

IE ſuys aymé de la plus belle
Qui ſoit viuant deſſoubz les cieulx.
Encontre tous faulx enuieux
Ie la ſouſtiendray eſtre telle.
Si Cupido doulx & rebelle
Auoit deſbendé ſes deux yeulx
Pour veoir ſon maintien gracieux,
Ie croy qu'amoureux ſeroit d'elle.
Venus la Deeſſe immortelle
Tu as faict mon cueur biẽ heureux
De l'auoir faict eſtre amoureux
D'une ſi noble Damoyſelle.

Vne autre.

QVi veult auoir lyeſſe,
Seulement d'ung regard
Viẽne veoir ma maiſtreſſe,
Que Dieu maintienne & gard.
Elle a ſi bonne grace,
Qu'a celluy qui la voit,
Mille douleurs efface,
Et plus ſ'il en auoit.
Les vertus de la belle
Me font eſmerueiller.
La ſouuenance d'elle
Faict mon cueur eſueiller,
Sa beaulté tant exquiſe
Me faict la mort ſentir.

Mais ſa grace requiſe
M'en peut bien garentir.

Vne autre.

TAnt que viuray en aage floriſſant,
Ie ſeruiray Amour le Dieu puiſſant
En faictz, & dictz: en chãſons, & accords.
Par pluſieurs iours m'a tenu languiſſant:
Mais apres dueil, m'a faict reſiouyſſant:
Car i'ay l'amour de la belle au gent corps.
Son aliance
C'eſt ma fiance,
Son cueur eſt mien.
Mon cueur eſt ſien.
Fy de triſteſſe,
Viue lyeſſe,
Puis qu'en amours i'ay tant de bien.
Quant ie la veulx ſeruir & honnorer,
Quant par eſcriptz veulx ſon nom decorer,
Quant ie la voy & viſite ſouuent,
Les enuieux n'en font que murmurer.
Mais noſtre amour n'en ſçauroit moins durer:
Autant ou plus en emporte le vent.
Maulgré enuie
Toute ma vie
Ie l'aimeray,
Et chanteray,
C'eſt la premiere,

C'eſt la derniere
Que i'ay ſeruie,& ſeruiray.

Vne autre.

LAnguir me fais,ſans t'auoir offenſee:
Plus ne m'eſcriz,plus de moy ne t'enquiers
Mais nonobſtant,autre dame ne quiers,
Pluſtoſt mourir que changer ma penſee.
Ie ne dys pas t'amour eſtre effacee:
Mais ie me plains de l'ennuy que i'acquiers.
Et loing de toy, humblement te requiers
Que loing de moy,de moy ne ſoys laſſee.

Vne autre.

DONT vient cela belle ie vous ſupply
Que plus a moy ne vous recommandez.
Touſiours ſeray de triſteſſe remply
Iuſques a ce qu'au vray le me mandez.
Ie croy que plus d'amy ne demandez,
Ou mauuais bruyt de moy on vous reuelle,
Ou voſtre cueur a faict amour nouuelle.
Si vous laiſſez d'Amour le train ioly,
Voſtre beaulté priſonniere rendez.
Si pour aultruy m'auez mys en oubly,
Dieu vous y doint le bien que y pretendez:
Mais ſi de mal en riens m'apprehendez,
Ie veulx qu'autant que vous me ſemblez belle,
D'autant ou plus vous me ſoyez rebelle.

Vne autre.

MA Dame ne m'a pas vendu,
Elle m'a ſeulement changé:
Mais elle a au change perdu,
Dont ie me tiens pour bien vengé:
Car vng loyal a eſtrangé
Pour vng autre qui la diffame.
N'eſt elle pas legiere femme?
Le noir a quitté & rendu,
Le blanc eſt d'elle deſrengé,
Violet luy eſt defendu,
Point n'ayme Bleu ny Orangé,
Son cueur muable ſ'eſt rengé
Vers le changeant couleur infame
N'eſt elle pas legiere femme?

Vne autre.

I'Ay contenté
Ma volunté
Suffiſamment:
Car i'ay eſté
D'amours traicté
Differemment.
I'ay eu torment
Bon traictement,
I'ay eu douleur & cruaulté
Et ne me plains fors ſeulement
D'auoir aymé ſi loyaulment
Celle qui eſt ſans loyaulté.

Cueur affecté
Moins arresté
Qu'ung seul moment,
Ta lascheté
M'a degetté
Fascheusement.
Prens hardiment
Amendement.
Et vous dames de grant beaulté
Si l'honneur aymez cherement,
Vous n'ensuyuez aucunement
Celle qui est sans loyaulté.

Vne autre.

IE ne faiz rien que requerir
Sans acquerir
Le don d'amoureuse lyesse.
Las ma maistresse
Dictes, quant est ce
Qu'il vous plaira me secourir?
Ie ne fais rien que requerir.
Vostre beaulté qu'on voit florir,
Me faict mourir.
Ainsi i'ayme ce qui me blesse.
C'est grant simplesse,
Mais grant saigesse,
Pourueu que me vueillez guerir,
Ie ne fais rien que requerir

Vne autre.

D'Vng nouueau dard ie ſuys frappé
Par Cupido cruel de ſoy,
De luy penſoye eſtre eſchappé:
Mais cuydant fuyr, me deçoy,
Et remede ie n'aperçoy
A ma douleur ſecrette,
Fors de crier, Allegez moy.
Doulce plaiſant Brunette.
Si au monde ne fuſſiez point,
Belle iamais ie n'aymeroys,
Vous ſeule auez gaigne le poinct
Que ſi bien garder i'eſperoys:
Mais quant a mon gre vous auroys
En ma chambre ſeulette,
Pour me venger ie vous feroys
La couleur vermeillette.

Vne autre.

MAuldicte ſoit la mondaine richeſſe
Qui m'a oſté m'amye & ma maiſtreſſe,
Las par vertu i'ay ſon amytie quiſe:
Mais par richeſſe vng autre, a conquiſe,
Vertu n'a pas en amour grant proueſſe.
Dieu gard de mal la Nymphe, la Deeſſe:
Mauldict ſoit L'or, ou elle a ſa lyeſſe.
Mauldicte ſoit la fine Soye exquiſe,
Le Dyamant, & la Perle requiſe,
Puis que par eulx la Brunette me laiſſe.

Vne autre.

LE cueur de vous ma presence desire:
Mais pour le mieulx (belle) ie me retire
Car sans auoir autre contentement,
Ie ne pourrois seruir si longuement.
Venons au poinct, au poinct qu'on n'ose dire:
Belle brunette a qui mon cueur souspire,
Si me donnez ce bien (sans m'escondire)
Ie seruiray: mais sçauez vous comment?
De nuyct & iour, tresbien & loyaulment.
Si ne voulez, ie fuyray mon martyre.

Vne autre.

AMour au cueur me poingt,
Quant bien aymé ie suys:
Mais aymer ie ne puis
Quant on ne m'ayme point.
Chascun soit aduerty
De faire comme moy:
Car d'aymer sans party,
C'est vng trop grand esmoy.

Vne autre.

QVi veult entrer en grace
Des dames bien auant,
En cautelle & fallace
Fault estre bien sçauant:
Car tout vray poursuyuant
La loyaulté suyuant
Au iourdhuy est deceu.

Et le plus deceuant
Pour loyal eſt receu.

Vne autre.

LOng temps y a que ie vys en eſpoir,
Et que rigueur a deſſus moy pouoir:
Mais ſi iamais ie rencontre Allegeance,
Ie luy diray, Ma dame venez veoir,
Rigueur me bat, faictes m'en la vengeance.
Si ie ne puis Allegeance eſmouuoir,
Ie le feray au Dieu d'Amours ſçauoir
En luy diſant, O mondaine plaiſance
Si d'autre bien ne me voulez pourueoir,
A tout le moins ne m'oſtez eſperance.

Vne autre.

QVant vous vouldrez faire vne Amye,
Prenez la de belle grandeur,
En ſon eſprit non endormye,
En ſon Tetin bonne rondeur,
Doulceur
En cueur,
Langaige
Bien ſaige,
Danſant chantant par bons accords,
Et ferme de cueur & de corps.
Si vous la prenez trop ieunette,
Vous en aurez peu d'entretien.
Pour durer prenez la Brunette
En bon poinct, d'aſſeuré maintien.

Tel bien
Vault bien
Qu'on face
La chasse
Du plaisant gibier amoureux.
Qui prend telle proye, est heureux.

Chanson de Noel sur le chant de la precedente.

VNne Pastourelle gentille,
Et vng Berger en vng verger,
L'autre hyer en iouant a la bille,
S'entredisoient pour abbreger,
Roger
Berger,
Legiere
Bergiere,
C'est trop a la bille ioué.
Chantons Noé, Noé, Noé.
Te souuient il plus du Prophete,
Qui nous dit vng cas de hault faict,
Que d'une pucelle parfaicte
Naistroit vng enfant tout parfaict?
L'effect
Est faict,
La belle
Pucelle
A vng filz du ciel aduoué.

Chantons Noé, Noé, Noé,

¶ Vne autre.

EN entrant en vng iardin,
Ie trouuay Guillot martin
Auec Heleine
Qui vouloit son picotin,
Son beau petit picotin
Non pas d'auoyne.
Adonc Guillot luy a dit.
Vous aurez bien ce credit
Quant ie seray en alaine:
Mais n'en prenez qu'ung petit,
Car par trop grant appetit
Vient souuent la panse pleine.

¶ Vne autre.

D'AMOVRS me va tout au rebours.
Ia ne fault que de cela mente,
I'ay reffus en lieu de secours,
M'amye rit, & ie lamente,
C'est la cause pour quoy ie chante
D'amours me va tout au rebours,
Tout au rebours me va d'amours.

¶ Vne autre.

I'Ay grant desir
D'auoir plaisir
D'amour mondaine:
Mais c'est grant peine,
Car chascun loyal amoureux

Au temps present est malheureux,
Et le plus fin
Gaigne a la fin
La grace pleine.

Vne autre.

O Cruaulté logee en grant beaulté.
O grant beaulté qui loges cruaulté,
Quant ma douleur iamais ne sentiras,
Au moins vng iour pense a ma loyaulté.
Ingrate alors (peut estre) te diras.

Vne autre.

I'Ayme le cueur de m'amye,
Sa bonté, & sa doulceur,
Ie l'ayme sans infamie,
Et comme vng Frere la Seur.
Amytié demesuree
N'est iamais bien asseuree,
Et mect les cueurs en tourment,
Ie veulx aymer autrement.
Ma mignonne debonnaire,
Ceulx qui font tant de clamours,
Ne taschent qu'a eulx complaire,
Plus qu'a leurs belles amours.
Laissons les en leur follie,
Leur amytié cessera,
Sans fin la nostre sera.

¶Vne autre.

SI ie vy en peine & langueur,
De bon gré ie le porte,
Puis que celle qui a mon cueur,
Languiſt de meſme ſorte.
Tous ces maulx nous fait receuoir
Enuie deceuante
Qui ne permet nous entreueoir,
Et d'en parler ſe vante.
Auſſi Danger faulx blaſonneur
Tient rigueur a la belle:
Car il menaſſe ſon honneur
S'il me veoit aupres d'elle:
Mais pluſtoſt loing ie me tiendray,
Qu'il en viegne nuyſance.
Et a ſon honneur entendray
Pluſtoſt qu'a ma plaiſance.

¶Vne autre.

CHãgeons ꝑpos, c'eſt trop chãtẽ d'amours,
Ce ſont clamours, chãtons de la Serpette,
Tous vignerons ont a elle recours,
C'eſt leur ſecours pour tailler la vignette.
O Serpillette, o la Serpillonnette,
La vignollette eſt par toy miſe ſus,
Dont les bons vins tous les ans ſont yſſus.
Le dieu Vulcan forgeron des haultz dieux,
Forgea aux cieulx la Serpe bien taillante

De fin acier trempé en bon vin vieulx
Pour tailler mieulx: & estre plus vaillante,
Bacchus la vante, & dit qu'elle est seante
Et aduenante a Noé le bons hom,
Pour en tailler la vigne en la saison.
Bacchus alors chappeau de treille auoit,
Et arriuoit pour benistre la vigne,
Auec flascons Silenus le suyuoit,
Lequel buuoit aussi droit qu'ne ligne,
Puis il trepine, & se faict vne bigne.
Comme vne gigne estoit rouge son nez,
Beaucop de gens de sa race sont nez.

Icy finist l'Adolescence
Clementine.

LA MORT N'Y MORD.

AVTRES OEVVRES DE Clemēt Marot, Valet de chābre du Roy faictes depuis l'aage de ſon adoleſcence, par cy deuant incorrectemēt, & maintenant correctement imprimees.

DEPLORATION ſur le treſpas de feu Meſſire Florimōd Robertet, iadis Cheualier, Cōſeillier du Roy noſtre ſire, Treſorier de Frāce, Secretaire des finances dudict ſeigneur, & ſeigneur d'Aluye.

Adis ma plume on veit ſon vol eſtendre
Au gre d'Amour, & d'ung bas ſtile tendre
Diſtiller dictz que ſoulois mettre en chant,
Mais vng regret de tous coſtez trenchant
Luy fait laiſſer ceſte doulce couſtume
Pour la tremper en ancre d'amartume:
Ainſi le fault: & quant ne le fauldroit,
Mon cueur (helas) encores le vouldroit:
Et quant mon cueur ne le vouldroit encores
(Oultre ſon vueil) contrainct y ſeroit ores

Par l'aiguillon d'une mort qui le poingt.
Que dys ie mort? D'une mort n'esse point,
Ains d'une Amour: car quāt chascun mourroit
Sans vraye amour, plaindre on ne le pourroit.
Mais quant la mort a faict son malefice,
Amour adonc vse de son office,
Faisant porter aux vrays Amys le dueil:
Non point vng dueil de fainctes larmes d'oeil,
Non point vng dueil de drap noir annuel,
Mais vng dueil tainct d'ennuy perpetuel.
Non point vng dueil qui dehors apparoist,
Mais qui au cueur (sans apparence) croist.
Voy la le dueil qui a vaincu ma ioye,
C'est ce qui fait que tout rien que ioye
Me sonne ennuy, c'est ce qui me procure
Que couleur blanche a l'oeil me soit obscure,
Et que iour cler me semble noire nuyct
De tel façon, que ce qui tant me nuyt,
Corrompt du tout le nayf de ma Muse,
Lequel de soy ne veult que ie m'amuse
A composer en triste Tragedie:
Mais maintenant force m'est que ie dye
Chanson mortelle en stile plain d'esmoy,
Veu qu'autre cas ne peult sortir de moy.
De mon cueur donc l'intention totalle
Vous comptera vne chose fatalle
Que ie trouuay d'auenture mal saine
(En m'en venant de Loyre droict a Seine)

Dessus Tourfou. Tourfou iadis estoit
Vng petit boys ou la Mort commettoit
Meurdres bien grans sur ceulx qui chemin tel
Vouloient passer. En cestuy lieu mortel
Ie vy la Mort hydeuse & redoubtee
Dessus vng Char en triumphe montee,
Dessoubz ses piedz ayant vng corps humain
Mort a l'enuers, & vng dard a la main
De boys mortel, de plumes empenné
D'ung vieil corbeau de qui le chant damné
Predit tout mal, & fut trempé le fer
En eau de Styx fleuue triste d'enfer.
  La mort en lieu de Sceptre venerable
Tenoit en main ce dard espouuentable,
Qui en maintz lieux estoit tainct & taché
Du sang de cil qu'elle auoit submarché.
  Ainsi debout sur le Char se tenoit,
Que vng cheual palle en hanissant trainoit,
Deuant le quel cheminoit vne Fee
Fresche, en bon point, & noblement coiffee,
Sur teste rayze ayant triple couronne,
Que mainte Perle & Rubys enuironne.
Sa robbe estoit d'ung blanc & fin Samys,
Ou elle auoit en pourtraicture mys
(Par traict de temps) vng million de choses,
Comme Chasteaulx, Palays, & Villes closes,
Villages, Tours, & Temples, & Conuentz,
Terres & Mers, & voylles a tous ventz.

Artillerie, armes, hommes armez,
Chiens & oyseaulx, plaines, & boys ramez,
Le tout brodé de fyne soie exquise,
Par main d'autruy torse, tainčte, & acquise.
Et pour deuise aux bors de la besoigne
Estoit escript, Le feu a qui en groigne.
Ce neantmoins sa robe elle mussoit
Soubz vng manteau, qui humble paroissoit:
Ou plusieurs draps diuers furent compris
De noir, de blanc, d'enfumé, & de gris,
Signifiant de sectes vng grant nombre,
Qui sans trauail viuent desoubz son vmbre.
Ceste grant Dame est nommee Romaine,
Qui ce corps mort iusques au tumbeau maine
(La croix deuant) en grant cerimonie
Chantant motetz de piteuse armonie.
Vne autre Dame au coste droit venoit,
A qui trop peu de chanter souuenoit.
D'ung haubin noir, de pareure tanee
Montee estoit, la plus triste & tannee
Qui fust alors soubz la haulteur celique.
Helas c'estoit Françoyse Republique,
La quelle auoit en maintz lieux entamé
Son manteau bleu, de fleurs de Lys semé:
Si derompoit encor de toutes pars
Ses beaulx cheueulx, sur elle tous esparz,
Et pour son train ne menoit auec elle
Sinon Douleur, Ennuy, & leur sequelle

Qui la ſeruoient de tout cela qui duyt
Quant au ſepulchre vng Amy on conduyt.
  De l'autre part, cheminoit en grant peine
Le bon hommeu Labeur, qui en la plaine
Auoit laiſſé beuf, charue, & culture,
Pour ce corps mort conduyre en ſepulture.
Mais bien laua ſon viſaige hallé
De force de pleurs, ains que la fuſt allé.
  Lors ie voyant telle pompe mondaine,
Preſuppoſay en penſee ſoubdaine,
Que la giſoit quelque Prince de nom.
Mais toſt apres fu aduerty que non,
Et que c'eſtoit vng ſeruiteur Royal,
Qui fuſt iadis ſi prudent & loyal,
Qu'apres ſa mort ſon vray ſeigneur & Roy
Luy ordonna ce beau funebre arroy:
Monſtrant au doyt combien d'amour deſſeruent
De leurs ſeigneurs, les ſeruans qui bien ſeruent.
  Et cõment ſceu ie alors qui eſtoit l'homme?
Autour de luy ne voy qui le me nomme.
Et m'en enquiers: mais le cueur qui leur fend,
Toute parolle a leur bouche deffend.
Si vous diray comment doncques i'ay ſceu
Le nom de luy. Ce Char que i'apperceu,
N'eſtoit paré de rouge, iaulne, ou vert:
Mais tout noir (par triſteſſe) couuert,
Et le ſuyuoient Cent hommes en douleur
Veſtuz d'habitz de ſemblable couleur,

Chascun au poing torche qui feu rendoit,
Et ou l'escu du noble mort pendoit.
Lors curieux picquay pour veoir les armes:
Mais telle veue aux yeulx me mist les larmes
Y voyant painct L'esle sans per a elle.
Dieu immortel (dys ie lors) voicy L'esle
Qui a volé ainsi que voler fault,
Entre deux airs, ne trop bas, ne trop hault.
Voicy (pour vray) L'esle dont la volee
Par sa vertu a la France extollee,
Circunuolant ce monde spacieux,
Et suruolant maintenant les neuf cieulx.
C'est L'esle noire a la Bende doree,
L'esle en volant iamais non essoree,
Et dont sortie est la mieulx escriuant
Plume qui fut de nostre aage viuant.
C'est celle plume ou modernes espritz
(Soubz ses patrons) leur sçauoir ont appris.
Ce fut la plume en saige main baillee
Qui ne fut oncq (comme ie croy) taillee
Que pour seruir en leurs secretz les Roys.
Aussi de reng elle en a seruy Troys
En Guerre, en Paix, en affaires vrgens
Au gré des Roys, & proffit de leurs gens.
O vous humains qui escoutez ma plaincte,
Qui est celluy qui eut ceste Esle paincte
En son escu? Vous en fault il doubter?
Sentez vous point, quant venez a gouster

Ce que i'en dy en mon triste mottet,
Que c'est le bon Florimond Robertet?
En est il d'autre en la vie mortelle
Pour qui ie disse vne louenge telle?
Non: car viuant de son art n'en approche.
Or est il mort seruiteur sans reproche.
Ainsi (pour vray) que mon cueur & ma langue
Disoient d'accord si piteuse harengue,
La fiere mort sur le char seiournee,
Sa face palle a deuers moy tournee,
Et a bien peu qu'elle ne m'a rué
Le mesme Dard, dont elle auoit tué
Celluy qui fut la toute ronde Sphere
Par ou guettoys ma fortune prospere:
Mais tout acoup tourna sa veue oblicque
Contre & deuers Françoyse Republicque
Qui l'irritoit, mauldissoit, & blasmoit
D'auoir occis celluy qui tant l'aymoit.
Adonc la mort (sans s'effrayer) l'escoute,
Et Republicque hors de l'estomach boute
Les propres motz contenuz cy apres,
Auec sangloutz s'entresuyuans de pres.

¶ Comment la Republicque Françoyse parle a la Mort.

PVis qu'on sçait bien, o peruerse Chimere
Que toute rage en toy se peut choisir,
Iusque a tuer auec angoisse amere
L'enfant petit au ventre de sa mere

Sans luy donner de naiſtre le loyſir,
Puis qu'ainſi eſt, pour quoy prens tu plaiſir
A monſtrer plus ta force tant congneue,
Dont ne te peut louenge eſtre aduenue?
Qui de ſon corps la force mect en preuue,
Deuant ſes yeulx los ou gaing luy appert:
Mais en l'effect ou la tienne ſ'eſpreuue,
Blaſme pour los, perte pour gaing ſe treuue.
Chaſcun t'en blaſme, & tout le monde y pert.
Perdu nous as l'homme en conſeil expert,
Et l'as getté mort dedans le gyron
De France (helas) qui pleure a l'enuiron.
Françoys Franc Roy de France, & des Frãçoys
Tu le fuz veoir quant L'ame il vouloit rendre,
De luy donner reconfort t'auançoys,
Et en ton cueur contre la Mort tençoys,
Qui ton bon Serf au beſoing venoit prendre.
O quelle amour impoſſible a comprendre.
Santé cent ans puiſſe auoir vng tel Maiſtre,
Et du ſeruant au ciel puiſſe L'ame eſtre.
France, & la fleur de ſes Princes enſemble,
Le corps au temple en grant dueil ont mené.
Lors France triſte a Hecuba reſſemble,
Quant ſes enfans a l'entour d'elle aſſemble
Pour lamenter Hector ſon filz aiſné.
Quiconques fut Hector aux armes né,
Robertet fut noſtre Hector en ſageſſe,
Pallas auſſi luy en feit grant largeſſe.

Au fons du cueur les larmes vont puyſant
Poures de Court pour pleurer leur ruyne.
Et toy Labeur, tu ne voy plus luyſant
Ce cler Soleil qui eſtoit tant duyſant
A eſclarcir de ce temps la bruyne.
Proceſſions, ne chanter en rue Hymne,
N'ont ſceu mouuoir fiere mort a mercy
Qui me contrainct de dire encor ainſi.
Vieille effacee, infecte ymage, immunde,
Craincte de gens, penſement ſoucieux,
Quel bon aduis, quelle ſageſſe abonde
En ton cerueau d'apourir ce bas monde
Pour enrichir de noz biens les haultz cieulx!
Que mauldit ſoit ton dard malicieux.
En vng ſeul coup ſ'eſt monſtré trop habille
D'en tuer vng, & en naurer cent mille.
Tu as froiſſé la main tant imitable
Qui au proffit de moy (laſſe) eſcriuoit.
Tu as couzu la bouche veritable,
Tu as percé le cueur tant charitable,
Et aſſommé le chef qui tant ſçauoit.
Mais maulgré toy ça bas de luy ſe voit
Vng cler renom, qui ce tour te fera,
Que par ſur toy ſans fin triumphera.
Tu as deffaict (o lourde & mal adextre)
Ta non nuyſance, & noſtre allegement.
Endormy as de ta peſante dextre
Cil qui ne peut reſueillé au monde eſtre

Iusques au iour du final iugement.
Las & tandis nous souffrons largement,
N'ayant recours qu'au ciel,& a noz larmes
Pour nous venger de tes soubdains alarmes.
De voz deux yeulx vous sa chere espousee
Faictes fontaine,ou puyser on puisse eau.
Filles de luy,vostre face arrosee
De larmes soit,non comme de Rosee:
Mais chascun oeil soit vng petit ruysseau.
Chascun des miens en gette plus d'ung seau.
De tout cela faisons vne riuiere
Pour y noyer la mort qui est si fiere.
Ha la meschante,escoutez sa malice.
Premier occist en Martial destroict
Quatre meilleurs Cheualiers de ma lice
Lescut,Bayard,la Tremoille,& Palice.
Puis est entree en mon conseil estroict,
Et de la trompe alla frapper tout droict
Le plus aymé,& le plus diligent.
Souuent de telz'est vng peuple indigent.
Si son nom propre a dire on me semond:
Ie respondray qu'a son los se compasse.
Son los fleurist,son nom c'est Florimond:
Vng mont flory,vng plus que flory mont,
Qui de haulteur Parnasus oultrepasse:
Car Parnasus(sans plus)les nues passe:
Mais cestuy vainqt la haulteur crystalline,
Et de luy sort Fontaine Caballine.

De Robertet par tout le mot s'espart,
En Tartarie, Espaigne, & la Moree.
Deux filz du nom nous restent de sa part,
Et vng nepueu, qui d'esprit, forme & art
Semble Phebus a la barbe doree.
De luy se sert dame France honnoree
En ses secretz: car le nom y consonne,
Si faict son sens, sa plume, & sa personne.
Vous ses deux filz, ne sont voz yeulx lassez?
Cessez voz pleurs, cessez Françoys & Claude,
Et en Latin, dont vous scauez assez,
Ou en beau Grecq quelque oeuure compassez,
Qui apres mort vostre pere collaude.
Puis increpez ceste mort qui nous fraude,
En luy prouuant par dictz Philosophaulx,
Comme inutile est son dart, & sa faulx.

L'AVTHEVR.

Incontinent que la Mort entendit
Que lon vouloit inutile la dire,
Son bras tout sec en arriere estendit,
Et fierement son dart mortel brandit
Pour Republicque en frapper par grant yre:
Mais tout acoup de fureur se retire,
Et d'une voix qui sembloit bien loingtaine,
Dit telle chose vtile & trescertaine.

¶Comment la Mort sur le propos de Republicque parle a tous humains.

Peuple seduict, endormy en tenebres
Tãt de lõgz iours par la doctrine d'hõme,
Pourquoy me fais tant de põpes funebres,
Puis que ta bouche inutile me nomme?
Tu me mauldis quant tes Amys assomme,
Mais quant ce vient qu'aux obseques on chante,
Le Prebstre adonc qui d'argent en a somme,
Ne me dit pas mauldicte ne meschante.
Et par ainsi de ma pompe ordinaire
Amende plus le viuant que le mort:
Car grant tombeau, grant dueil, grant luminaire
Ne peult lauer l'Ame que peche mord.
Le sang de Christ, quant la loy te remord,
Par foy te laue, ains que le corps desuie:
Et toutesfois sans moy qui suys la mort,
Aller ne peulx en eternelle vie.
Pourtant si suys deffaicte & dessiree,
Ministre suys des grans tresors du ciel:
Dont ie deburois estre plus desiree
Que ceste vie amere plus que fiel.
Plus elle est doulce, & moins en sort de Miel.
Plus tu y viz, plus te charges de crimes:
Mais par deffault d'esprit celestiel,
En t'aymant, trop tu me hays & deprimes.
Que dys ie, aymer? celluy ne s'ayme en rien,

Lequel vouldroit tousiours viure en ce monde
Pour se frustrer du tant souuerain bien
Que luy promect verité pure & munde,
Possedast il Mer,& Terre feconde,
Beaulte,sçauoir,santé,sans empirer.
Il ne croit pas qu'il soit vie seconde,
Ou si la croit,il me doit desirer.

L'apostre Pol,sainct Martin charitable
Et Augustin de Dieu tant escriuant,
Maint autre Sainct plein d'esprit veritable
N'ont desiré que moy en leur viuant.
Or est ta chair contre moy estriuant,
Mais pour l'amour de mon pere celeste
T'enseigneray comme yras ensuyuant
Ceulx a qui oncq mon dard ne fut moleste.

Prie a Dieu seul que par grace te donne
La viue foy,dont Sainct Pol tant escrit.
Ta vie apres du tout luy abandonne.
Qui en peché iournellement aigrist
Mourir pour estre auecques IESV CHRIST
Lors aymeras plus que vie mortelle.
Ce beau souhait fera le tien esprit.
La chair ne peult desirer chose telle.

L'ame est le feu,le corps est le tyson,
L'ame est d'enhault,& le corps inutile
N'est autre cas que vne basse prison
En qui languist l'Ame noble & gentile.
De tel prison i'ay la clef tressubtile

C'eſt le mien dard a l'Ame gracieux,
Car il la meɛt hors de ſa priſon vile
Pour (dicy bas) la renuoyer aux cieulx.
Tien toy donc fort du ſeul Dieu triumphant
Croyant qu'il eſt ton vray & propre pere.
Si ton pere eſt, tu es donc ſon enfant,
Et heritier de ſon Regne proſpere.
S'il t'a tiré d'eternel impropere
Durant le temps que ne le congnoiſſois,
Que fera il ſ'en luy ton cueur eſpere?
Doubter ne fault que mieulx traiɛté ne ſoys.
Et pour autant que l'homme ne peult faire
Qu'il puiſſe viure icy bas ſans peché,
Iamais ne peult enuers Dieu ſatiſfaire,
Et plus luy doit, le plus tard deſpeſché.
Dont cõme CHRIST en la Croix ataché
Mourut pour toy, mourir pour luy deſire.
Qui pour luy meurt, eſt du tout relaſché
D'ennuy, de peine, & peché, qui eſt pire.
Qui faiɛt le coup? c'eſt moy, tu le ſces bien:
Ainſi ie ſuys au Chreſtien qui deſuie,
Fin de peché, commencement de bien.
Fin de langueur, commencement de vie.
Donc homme vieil pourquoy prens tu enuie
De retourner en ta ieuneſſe pleine?
Veulx tu r'entrer en miſere aſſeruie,
Dont eſchappé tu es a ſi grant peine?
Si tu me dys qu'en te venant ſaiſir

Ie ne te fais sinon tort & nuysance,
Et que tu n'as peine ne desplaisir:
Mais tout plaisir, lyesse, & toute aisance.
Ie dy qu'il n'est desplaisir que plaisance,
Veu que sa fin n'est rien que damnement:
Et dy qu'il n'est plaisir que desplaisance,
Veu que sa fin redonde a sauluement.
Quel' desplaisance entendz tu que ie dye?
Craindre mon dard, cela n'entendz ie point:
I'entendz pour Dieu souffrir dueil, maladie,
Perte, & meschef, tant viennent mal apoint,
Et mettre ius de gré (car c'est le poinct)
Desirs mondains, & lyesses charnelles:
Ainsi mourant soubz ma darde qui poingt,
Tu en auras qui seront eternelles.
Doncques pour moy contristé ne seras,
Ains par fiance, & d'ung ioyeux courage
Pour a Dieu seul obeyr, laisseras
Tresors, amys, maisons, & labourage.
Cler temps de loing est signe que l'orage
Fera de l'air tost separation.
Aussi tel' foy au mourant personnage,
Est signe grant de sa saluation.
IESVS, affin que de moy n'eusses craincte,
Premier que toy voulut mort encourir,
Et en mourant ma force a si estaincte,
Que quant ie tue, on ne sçauroit mourir.
Vaincue m'a pour les siens secourir,

Et plus ne suys qu'une porte ou entree
Qu'on doit passer voulentiers pour courir
De ce vil monde en celeste contree.
Iadis celluy que Moyse lon nomme,
Vng grant Serpent tout d'arain esleuoit,
Qui (pour le voir) pouuoit guerir vng homme
Quant vng Serpent naturel mors l'auoit.
Ainsi celluy qui par viue foy voit
La mort de CHRIST, guerist de ma blesseure,
Et veit ailleurs plus que icy ne viuoit.
Que dys ie plus? mais sans fin, ie t'asseure.
Par quoy bien folle est la coustume humaine
Quant aucun meurt, porter & faire dueil.
Si tu croys bien que Dieu vers luy le meine,
A quelle fin en gettes larmes d'oeil?
Le veulx tu vif tirer hors du cercueil
Pour a son bien mettre empesche & deffense?
Qui pour ce pleure, est marry dont le vueil
De Dieu est faict. Iuge si c'est offense.
Laisse gemir & braire les Payens
Qui n'ont espoir d'eternelle demeure.
Faulte de foy te donne les moyens
D'ainsi pleurer quãt fault que quelqu'ung meure.
Et quant au port du Drap plus noir que meure,
Ypocrisie en a taillé l'habit,
Dessoubz lequel, tel pour sa Mere pleure,
Qui bien vouldroit de son Pere l'obit.
Messes sans nombre, & force Anniuersaires,

C'est belle chose, & la façon s'en prise.
Si sont les chantz, cloches, & luminaires.
Mais le mal est en l'auare Prebstrise,
Car si tu n'as vaillant que ta chemise,
Tien toy certain que apres le tien trespas
Il n'y aura ne Conuent ny Eglise
Qui pour toy sonne, ou chante, ou face vng pas.
N'ordonne a toy telles solennitez,
Ne soubz quel Marbre il fauldra qu'on t'enterre,
Car ce ne sont vers Dieu que vanitez.
Salut ne gyst en tombeau ny en terre,
Le bon Chrestien au Ciel yra grant erre,
Fust le sien corps en la rue enterré.
Et le mauuais en enfer tiendra serre,
Fust le sien corps soubz l'autel enserré.
Mais pour tumber a mon premier propos,
Ne me crains plus, ie te pry, ne mauldîtz,
Car qui vouldra en eternel repos
Auoir de Dieu les promesses & dictz,
Qui vouldra veoir les Anges benedictz,
Qui vouldra veoir de son vray Dieu la face:
Bref, qui vouldra viure au beau Paradis,
Il fault premier que mourir ie le face.
Confesse donc que ie suys bien heureuse,
Puis que sans moy tu ne peulx estre heureux,
Et que ta vie est aigre & rigoureuse,
Et que mon dard n'est aigre & rigoureux,
Car tout au pis quant l'esprit vigoureux

Seroit mortel comme le corps immunde,
Encores te est ce dard bien amoureux
De tirer des peines de ce monde.

L'AVTHEVR.

QVant Mort preschoit ces choses ou pareilles,
Ceulx qui auoient les plus grãdes oreilles,
N'en desiroient entendre motz quelzconques.
Par quoy se teut, & feit marcher adoncques
Son Chariot en grant triumphe & gloire,
Et le defunct mener a Bloys sur Loyre,
Ou les Manans pour le corps reposer
Preparoient tumbe, & pleurs pour l'arroser.
Or est aux champs ce mortel Chariot,
Et n'y a Bled, Saulge, ne Polliot,
Fleurs ne boutons hors de la terre yssus,
Qu'il n'admortisse en passant par dessus.
Taulpes & vers qui dedans terre hantent,
Tremblent de paour, & bien passer le sentent.
Mesmes la terre en seurté ne se tient,
Et a regret ce Chariot soustient.
La dessus est la Mort maigre & vilaine,
Qui de sa froide & pestifere alaine
L'air d'entour elle a mis en tel meschef,
Que les Oyseaulx vollans par sus son chef
Tumbent d'enhault, & mortz en terre gisent,
Excepté ceulx qui les malheurs predisent.

Beufz & Iumens courent par le pays
De veoir la Mort grandement esbahys.
Le Loup cruel craint plus sa face seulle,
Que la Brebis du Loup ne craint la gueulle.
Tous animaulx de quelzconques manieres
A sa venue entrent en leurs tasnieres.
Quant elle approche ou Fleuues,ou Estangs,
Poulles,Canardz,& Cygnes la estans,
Au fons de l'eau se plongent,& se cachent,
Tant que la Mort loing de leurs riues sachent.
Et s'elle approche vne Ville ou Bourgade,
Le plus hardy se musse,ou chet malade,
Ou meurt de peur. Nobles, Prebstres, Marchans
Laissent la ville,& gaignent l'air des champs.
Chascun faict voye a la Chimere vile.
Et quant on voit qu'elle a passé la Ville,
Chascun reuient. Lors on espand & rue
Eau de senteurs,& vinaigre en la rue.
Puis es quantons feu de Geneure allument,
Et leurs maisons esuentent & perfument
A leur pouoir de leur Ville chassant
L'air que la mort y a mys en passant.
Tant faict la Mort qu'aupres de Bloys arriue,
Et costoyoit ia de Loyre la riue,
Quant les poissons,grans,moyens,& petitz
Le hault de l'eau laisserent tous craintifz,
Et vont trouuer au plus profond & bas
Loyre leur Dieu,qui prenoit ses esbatz

Dedans son creux, auec ses seurs & filles
Dames des eaux, les Nayades gentilles.
Mais bien acoup ses esbatz se perdirent:
Car les poissons en leur langue luy dirent,
Comment la Mort qu'ilz auoient rencontree,
Auoit occis quelqu'ung de sa contree.
Le fleuue Loyre adonc en ses espritz
Bien deuina que la Mort auoit pris
Son bon voysin, dont si fort lamenta,
Que de ses pleurs ses vndes augmenta.
Et n'eust esté qu'il estoit immortel,
Trespassé fust d'auoir vng remors tel.
Ce temps pendant, la Mort faict ses exploitz
De faire entree en la ville de Bloys.
Dedans la quelle il n'y a Citoyen,
Que pour fuyr cherche lieu ne moyen,
Car du deffunct ont plus d'amour emprainćte
Dedans leurs cueurs, q̃ de la Mort n'ont crainćte.
De leurs maisons partirent Seculiers,
Hors des Conuentz sortirent Reguliers.
Iusticiers laisserent leurs practiques,
Gens de labeur serrerent leurs Bouticques.
Dames aussi tant fussent bien polyes,
Pour ce iour la ne se firent iolyes.
Toutes & tous de grans iusque au menuz
Loing au deuant de ce corps sont venuz,
Sinon aucuns qui les cloches sonnoient,
Et qui la fosse & la tumbe ordonoient.

Ses cloches donc chascune eglise esbranle
Sans carrillon, mais toutes a grant branle,
Si haultement que le ciel entendit
La belle Echo, qui pareil son rendit.
Ainsi receu ont honnorablement
Leur amy mort, & lamentablement
L'ont amené, auec Croix & Banieres,
Cierges, flambeaulx de diuerses manieres
Dedans l'Eglise au bon sainct Honoré,
La ou Dieu fut pour son amé imploré,
Par Augustins, par Iacobins & Carmes,
Et Cordeliers. Puis auec pleurs & larmes
Enterré l'ont ses parentz & amys.
Et aussi tost qu'en la fosse il est mis,
Et que sur luy terre & tumbe lon voit,
La fiere mort qui amené l'auoit,
Subtillement de la s'esuanouyt,
Et oncques puis on ne la veit ne ouyt.
Tel fut conduyct dedans Bloys la Conté
L'ordre funebre, ainsi qu'on m'a compté.
Si l'ay comprins succinct en cest ouurage,
Faict en faueur de maint noble courage.
S'il y a mal, il vient tout de ma part.
S'il y a bien, il vient d'ou le bien part.

¶ Fin de la Deploration sur la mort de feu
Messire Florimond Robertet.

¶Eglogue ſur le Treſpas de treſhaulte & treſ-illuſtre Princeſſe, Madame Loyſe de Sauoye, iadis mere du Roy Françoys, premier de ce nom. En la quelle Eglogue ſont introduictz deux Paſteurs, c'eſtaſſauoir, Colin d'Anjou, & Thenot de Poictou, Poetes contemporains de L'autheur.

Thenot.

EN ce beau val ſont plaiſirs excellentz,
Vng cler ruyſſeau bruyant pres de l'ombrage,
L'herbe a ſouhait, les vents non violentz,
Puis toy Colin, qui de chanter fais rage.
A Pan veulx rabaiſſer ſon hommage:
Mais quant aux champs tu l'acompaigneroys,
Pluſtoſt prouffit en auroit que dommage.
Il t'apprendroit, & tu l'enſeigneroys.
Quant a chanſons, tu y beſongneroys
De ſi grant art, ſ'on venoit a contendre,
Que quant ſur Pan rien tu ne gaigneroys,
Pan deſſus toy rien ne pourroit pretendre.
S'il gaigne en pris vng beau fourmage tendre,
Tu gaigneras vng pot de laict caillé.
Ou ſi le laict il ayme plus cher prendre,
A toy ſera le fourmage baillé.

Colin.

Berger Thenot, ie ſuys eſmerueillé

De tes chanſons,& plus fort ie m'y baigne,
Qu'a eſcouter le Lynot eſueillé,
Ou l'eau qui bruyt tumbant d'une montaigne.
Si au Matin Caliope te gaigne,
Contre elle au ſoir obtiendras le butin.
Ou ſ'il aduient que tant noble compaigne
Te gaigne au ſoir,tu vaincras au matin.
Or ie te pry,tandis que mon maſtin
Fera bon guet,& que ie feray paiſtre
Noz deux troppeaux,chante vng peu de Katin
En dechiffrant ſon bel habyt champeſtre.

Thenot.

Le Roſſignol de chanter eſt le maiſtre,
Taire conuient deuant luy les Piuers.
Auſſi eſtant la ou tu porras eſtre,
Taire feray mes chalumeaulx diuers.
Mais ſi tu veulx chanter dix fois dix vers,
En deplorant la Bergere Loyſe,
Des coings auras ſix iaulnes & ſix vertz,
Les mieulx ſentans qu'on veit depuis Moyſe.
Et ſi tes vers ſont d'auſſi bonne miſe
Que les derniers que tu feis d'Yſabeau,
Tu n'auras pas la choſe qu'ay promiſe,
Ains beaucop plus & meilleur & plus beau.
De moy auras vng double chalumeau
Faict de la main de Raffy Lyonnois,
Lequel(a peine)ay eu pour vng cheureau
Du bon paſteur Michault que tu congnoys

Iamais encor n'en ſonnay qu'une fois,
Et ſi le garde auſſi cher que la vie:
Si l'auras tu de bon cueur touteſſois,
Faiſant cela a quoy ie te conuie.

Colin.

Tu me requiers de ce dont i'ay enuie.
Sus doncq mes vers chantez chantz doloreux,
Puis que la mort a Loyſe rauie
Qui tant tenoit noz courtilz vigoreux.
Or ſommes nous maintenant malheureux,
Plus eſtonnez de ſa mortelle abſence,
Que les agneaux a l'heure qu'en tour eulx
Ne trouuent pas la mere qui les penſe.
Plorons Bergers,nature nous diſpenſe.
Plorons la mere au grant Berger d'icy,
Plorons la Mere a Margot d'excellence
Plorons la Mere a nous autres auſſi.
O grant paſteur,que tu as de ſoucy!
Ne ſçay le quel,de toy,ou de ta Mere
Me rend le plus de triſteſſe noircy.
Chantez mes vers,chantez douleur amere.
Lors que Loyſe en ſa loge proſpere
Son beau meſnage en bon ſens conduyſoit,
Chaſcun Paſteur(tant fut il riche pere)
Lieu la dedans pour ſa fille eſliſoit.
Aucuneſſoys Loyſe ſ'aduiſoit
Les faire ſeoir toutes ſoubz vng grant Orme,
Et elle eſtant au millieu leur diſoit,

Filles il fault que d'ung poinct vous informe.
Ce n'est pas tout qu'auoir plaisante forme,
Bordes, trouppeaulx, riche pere & puissant:
Il fault preuoir que vice ne difforme
Par long repos vostre aage florissant.
Oysiueté n'allez point nourrissant:
Car elle est pire entre ieunes Bergeres,
Qu'entre brebis ce grant loup rauissant
Qui vient au soir tousiours en ces Fougeres.
A trauailler soyez doncques legeres.
Que Dieu pardoint au bon homme Roger,
Tousiours disoit, que ches les mesnageres
Oysiueté ne trouuoit a loger.
Ainsi disoit la Mere au grant Berger,
Et a son dict trauailloient Pastourelles.
L'une plantoit Herbes en vng Verger,
L'autre paissoit Coulombs & Tourterelles.
L'autre a l'aiguille ouuroit choses nouuelles,
L'autre (en apres) faisoit chappeaulx de fleurs.
Or maintenant ne font plus rien les belles,
Sinon ruisseaulx de larmes & de pleurs.
Conuerty ont leurs danses en douleurs.
Le Bleu en Brun, le Vertgay en Tanné:
Et leurs beaulx tainctz en mauuaises couleurs.
Chantez mes vers, chantez dueil ordonné.
Des que la mort ce grant coup eut donné,
Tous les plaisirs champestres s'assoupirent,
Les petitz vents alors n'ont allené:

Mais les fortz vents encores en souspirent.
Fueilles & fruict des arbres abbatirent,
Le cler Soleil chaleur plus ne rendit,
Du manteau vert les Prez se deuestirent,
Le ciel obscur larmes en respandit.
Le grant Pasteur sa Musette fendit,
Ne voulant plus que de pleurs se mesler:
Dont son trouppeau(qui plaindre l'entendit)
Laissa le paistre,& se print a besler.
Et quant Margot ouyt tout reueler,
Son gentil cueur ne fut assez habile
Pour garder l'oeil de larmes distiller:
Ains de ses pleurs en fit bien plorer mille.
Terre en ce temps deuint nue & debile,
Plusieurs ruisseaux tous a sec demourerent,
La mer en fut troublee,& mal transquille:
Et les Daulphins bien ieunes y ploureren.
Cerues & Cerfz estonnez s'arresterent,
Bestes de proye,& bestes de pasture,
Tous animaulx Loyse regreterent:
Excepté Loups de mauuaise nature.
Tant(en effect)griefue fut la poincture,
Et de malheur l'aduenture si pleine,
Que le blanc Lys en print noire taincture:
Et les Trouppeaulx en portent noire laine.
Sur arbre sec s'en complaint Philomene,
L'aronde en faict criz piteux & trenchans,
La Tourterelle en gemit,& en meine

Semblable dueil, & i'accorde a leurs chantz.
O francs Bergers sur franche herbe marchans
Qu'en dictes vous? quel dueil, quel ennuy est ce
De veoir secher la fleur de tous noz champs?
Chantez mes vers, chantez, Adieu lyesse.
Nymphes & Dieux de nuyct en grant destresse
La vindrent veoir, & luy dire, Helas
Dors tu icy, des Bergers la Maistresse?
Ou si c'est mort qui t'a mise en ces lacs?
Las ta couleur (telle comme tu l'as)
Nous iuge bien que morte tu reposes.
Ha mort fascheuse, oncque ne te meslas
Que de rauir les excellentes choses.
Tant eut au chef de sagesses encloses.
Tant bien sçauoit le clos de France aymer,
Tant bien y sceut aux Lys ioindre les Roses,
Tant bien y sceut bonnes Herbes semer.
Tant bien sçauoit en seurté confermer
Tout le bestail de toute la contree,
Tant bien sçauoit son Parc clorre & fermer
Qu'on n'a point veu les Loups y faire entree.
Tant a de fois sa prudence monstree
Contre le temps obscur & pluuieux,
Que France n'a (long temps a) rencontree
Telle Bergere, au rapport des plus vieulx.
Adieu Loyse, adieu en larmes d'yeulx.
Adieu le corps qui la terre decore.
En ce disant, s'en vont Nymphes & Dieux,

Chantez mes vers, chantez douleur encore.
Rien n'est ça bas qui ceste mort ignore,
Coignac s'en coigne en sa poictrine blesme,
Romorantin la perte rememore,
Aniou faict iou, Angoulesme est de mesme.
Amboyse en boyt vne amartume extresme,
Le Maine en meine vng lamentable bruyt.
La pouure Touure arrousant Angoulesme
A son paué de Truytes tout destruict:
Et sur son eau chantent iour & nuyct
Les Cygnes blācs, dont toute elle est couuerte,
Pronostiquans en leur chant qui leur nuyt,
Que mort par mort leur tiēt sa porte ouuerte.
Que faictes vous en ceste Forest verte
Faunes, Syluains? ie croy que dormez la.
Veillez veillez pour plorer ceste perte:
Ou si dormez, en dormant songez la.
Songez la mort, songez le tort qu'elle a.
Ne dormez point sans songer la meschante:
Puis au resueil comptez moy tout cela
Qu'aurez songé, affin que ie le chante.
Dont vient cela, qu'on voyt l'herbe sechante
Retourner viue alors que l'esté vient,
Et la personne au tombeau trebuschante,
Tant grande soit, iamais plus ne reuient?
Ha quant i'ouy l'autrehier (il m'en souuient)
Si fort Crier la Corneille en vng chesne,
C'est vng grant cas (dys ie lors) s'il n'aduient

Quelque meschef bien tost en cestuy Regne.
Autant m'en dit le Corbeau sur vng Fresne,
Autant m'en dit l'Estoille a la grant queue,
Dont ie laschay a mes souspirs la resne,
Car tel' douleur ne pense auoir oncq eue.
Chantez mes vers fresche douleur conceue.
Non, taisez vous, c'est assez deploré.
Elle est aux champs Elysiens receue
Hors des trauaulx de ce monde esploré.
La ou elle est, ny a rien desloré,
Iamais le iour & les plaisirs n'y meurent,
Iamais n'y meurt le vert bien coloré,
Ne ceulx auec qui la dedans demeurent:
Car toute odeur Ambrosienne y fleurent,
Et n'ont iamais ne deux ne trois saisons,
Mais vng printemps: & iamais ilz n'y pleurent
Perté d'amys, ainsi que nous faisons.
En ces beaulx champs & nayues maisons
Loyse vyt sans peur, peine, ou mesaise,
Et nous ça bas plains d'humaines raisons
Sommes marriz (ce semble) de son aise.
La ne voit rien qui en rien luy desplaise,
La mange fruict d'inestimable pris,
La boit liqueur qui toute soif apaise,
La congnoistra mille nobles espritz.
Tous animaulx plaisans y sont compris,
Et mille oyseaulx y font ioye immortelle,
Entre lesquelz volle par le pourpris

Son Papegay, qui partit auant elle.
La elle voit vne lumiere telle,
Que pour la veoir mourir deurions vouloir.
Puis qu'elle a doncq tant de ioye eternelle,
Cessez mes vers, cessez de vous douloir.
Mettez voz montz & Pins a nonchaloir,
Venez en France (o Nymphes de Sauoye)
Pout faire honneur a celle qui valoir
Feit par son los son pays & sa voye.
Sauoysienne estoit, bien le sçauoye,
Si faictes vous: venez doncques, affin
Qu'auant mourir vostre oeil par deça voye
La ou fut mise apres heureuse fin.
Portez au bras chascune plein coffin
D'herbes & fleurs du lieu de sa naissance
Pour les semer dessus son Marbre fin
Le mieulx pourueu dont ayons cõgnoissance.
Portez rameaulx paruenuz a croissance,
Laurier, Lyerre, & Lys blanc honnorez,
Rommarin vert, Roses en abondance,
Iaulne Soucye, & Bassinetz dorez.
Passeuelours de Pourpre coulorez,
Lauande franche, Oeilletz de couleur viue,
Aubefains blancz, Aubefains asurez,
Et toutes fleurs de beaulté nayue.
Chascune soit d'en porter ententiue,
Puis sur la tumbe en gettez bien espays,
Et n'oubliez force branches d'Oliue,

Car elle eſtoit la Bergere de Paix.
Laquelle ſceut dreſſer accords parfaictz
Entre Bergers alors que par le Monde
Taſchoient l'ung l'autre a ſe rendre deffaictz
A coups de Goy, de Houlette, & de Fonde.
Vien le Dieu Pan, vien plus toſt que l'aronde,
Pars de tes Parcs, d'Arcadie deſplace,
Ceſſe a chanter de Syringue la blonde,
Approche toy, & te metz en ma place
Pour exalter auec meilleure grace
Celle de qui ie me ſuys entremys:
Non (pour certain) que d'en parler me laſſe,
Mais tu as tort que tu ne la gemys.
Et toy Thenot qui a plorer t'es mys
En m'eſcoutant parler de la treſbonne,
Deliure moy le Chalumeau promis,
A celle fin qu'en concluant le ſonne,
Et que du ſon rende graces, & donne
Louẽge aux dieux des haultz mõtz & des plais
Si haultement que ce val en reſonne.
Ceſſez mes vers, ceſſez icy voz plainctz.

Thenot.

O franc Paſteur, combien tes vers ſont plains
De grant doulceur, & de grant amertume:
Le chãt m'en plaiſt, & mõ cueur tu cõtrainctz
A ſe douloir plus qu'il n'a de couſtume.
Quant tout eſt dict, Melpomené allume
Ton ſtile doulx a triſtement chanter.

Oultre, il n'eſt cueur (& fuſt ce vng cueur d'en-
clume)
Que ce propos ne feiſt bien lamenter.
Par quoy (Colin) ſans flater ne venter,
Non ſeulement le bon flageol merites,
Ains deuroit on chappeau te preſenter
De vert Laurier pour choſes tant bien dictes.
Sus grans Thoreaux, & vous Brebis petites,
Allez au tect, aſſez auez brouſté,
Puis le ſoleil tumbe en ces bas limites,
Et la nuyct vient deuers l'autre coſté.

¶Epitaphe de la dicte Dame en
vers Alexandrins.

Celle qui trauailla pour le repos de maintz,
Repoſe maintenant: pourquoy criez humains?
Gardez bien le repos qu'elle vous a donné
Sans luy rompre le ſien, puis qu'il eſt ordonné.

H.D.V. Tetraſtichon.

Coæ cum Veneris formam pingebat Apelles
Eximiam, num vnus clarus in orbe fuit?
Sic Loyſæ fatum tenui modulatus auena
Vnus perpetua laude Marotus erit.

FIN.

CHANT ROYAL CHRESTIEN.

Vi ayme Dieu, ſon Regne & ſon Empire,
Riẽ deſirer ne doit qu'a ſon honneur:
Et touteſſois l'homme touſiours aſpire
A ſon bien propre, a ſon aiſe & bon heur,
Sans aduiſer ſi point contemne ou bleſſe
(En ſes deſirs) la diuine nobleſſe.
La plus grant part appete grant auoir,
La moindre part ſouhaicte grant ſçauoir,
L'autre deſire eſtre exempté de blaſme,
Et l'autre quiert (voulant mieulx ſe pouruoir)
Santé au corps, & Paradis a l'ame.
Ces deux ſouhaictz contraires on peult dire
Comme la blanche & la noire couleur:
Car IESVCHRIST ne promect par ſon dire
Ça bas aux ſiens que ennuy, peine & douleur.
Et d'autre part (reſponds moy) qui eſt ce
Qui ſans mourir aux cieulx aura lyeſſe?
Nul pour certain: or fault il conceuoir
Que Mort ne peult ſi bien nous deceuoir,
Que de douleur ne ſentions quelque drame.
Par ainſi ſemble impoſſible d'auoir

Santé au corps, & Paradis a l'ame.
Doulce santé mainte amertume attire:
Et peine au corps, est a l'ame doulceur.
Les bienheurez qui ont souffert martyre,
De ce nous font tesmoignage tout seur.
Et si l'homme est quelque temps sans destresse,
Sa propre chair sera de luy maistresse,
Et destruira son ame (a dire veoir)
Si quelque ennuy ne vient ramenteuoir
Le poure humain d'inuoquer Dieu qui l'ame,
En luy disant: homme penses tu veoir
Santé au corps, & Paradis a l'ame?
O doncques homme en qui santé empire,
Croy que ton mal d'ung plus grãt est vainqueur.
Si tu sentoys de tous tes maulx le pire,
Tu sentiroys Enfer dedans ton cueur.
Mais Dieu tout bon, sentir (sans plus) te laisse
Tes petitz maulx, sachant que ta foiblesse
Ne pourroit pas ton grant mal perceuoir,
Et que aussi tost que de l'apperceuoir,
Tu periroys comme paille en la flame
Sans nul espoir de iamais receuoir
Santé au corps, & Paradis a l'ame.
Certes plustost vng bon pere desire
Son filz blessé, que meurdrier ou iureur:
Mesmes de verge il le blesse & dessire,
Affin qu'il n'entre en si lourde fureur.
Aussi quant Dieu nostre Pere oppresse

Ses chers enfans, sa grant bonté expresse
Faict lors sur eulx eau de grace pluuoir,
Car par tel peine a leur bien veult preuoir
A ce qu'enfer en fin ne les enflame,
Leur reseruant (oultre l'humain deuoir)
Santé au corps, & Paradis a l'ame.

Enuoy.

Prince Royal, quant Dieu par son pouuoir
Fera les cieulx & la terre mouuoir,
Et que les corps sortiront de la lame,
Nous aurons lors ce bien, c'est assauoir
Santé au corps, & Paradis a l'ame.

Chant Royal dont le Roy bailla le refrain.

PRenant repos dessoubz vng vert Laurier
Apres trauail de noble Poesie,
Vng nouueau songe assez plaisãt l'autr'hyer
Se presenta deuant ma fantasie
De quatre Amans fort melencolieux,
Qui deuers moy vindrent par diuers lieux:
Car le premier sortir d'ung boys i'aduise,
L'autre d'ung Roc: celluy d'apres ne vise
Par ou il va: l'autre saulte vne claye:
Et si portoyent (tous quatre) en leur deuise,
Desbender l'arc ne guerist point la playe.
Le premier vint tout palle me prier
De luy donner confort par courtoysie.

Poursuyuant suys (dit il) dont le crier
N'est point ouy d'une que i'ay choysie.
Elle a tiré de l'arc de ses doulx yeulx
Le perçeant traict, qui me rend soucieux,
Me respondant (quant de moy est requise)
Que n'en peut mais. & sa beaulté exquise
De moy s'absente, affin qu'en oubly l'aye:
Mais pour absence en oubly n'est pas mise.
Desbender l'arc, ne guerist point la playe.
L'autre disoit au rebours du premier,
I'ay biens assez, & ne me ressasie:
Car seruant suys de iour coustumier
De la plus belle & d'Europe & d'Asie.
Ce neantmoins, Amour trop furieux
D'elle me faict estre plus curieux,
Qu'auant auoir la iouyssance prise.
Ainsi ie suys du feu la flamme esprise
Qui plus fort croist quant estaindre on l'essaye,
Et congnoys bien qu'en amoureuse emprise
Desbender l'arc, ne guerist point la playe.
Apres ie vy d'amer vng vieil routier
Qui de grant cueur soubz puissance moysie
Chanta d'amours vng couplet tout entier,
Louant sa Dame, & blasmant Ialousie:
Dont les premiers ne furent enuieux:
Bien luy ont dit, Vieil homme entre les vieulx
Comment seroit ta pensee surprise
D'aucune amour, quant le temps qui tout brise,

T'a desnué de ta puissance gaye?
I'ay bon vouloir (respond la teste grise)
Desbender l'arc, ne guerist point la playe.
D'ung rocher creux saillit tout au dernier
Vne ame estant de son corps dessaisie,
Qui ne vouloit de Charon Nautonnier
Passer le fleuue. O quelle frenasie,
Aller ne veult aux champs delicieux,
Ains veult attendre au grant port Stygieux
L'ame de celle ou s'amour est assise,
Sans du venir sçauoir l'heure precise.
Lors m'esueillay tenant pour chose vraye,
Que puis qu'amour suyt la personne occise,
Desbender l'arc, ne guerist point la playe.
Prince, l'amour vng querant tyrannise,
Le iouyssant cuyde estaindre, & attise.
Le vieil tient bon, & du mort ie m'esmaye.
Iugez le quel dit le mieulx sans faintise.
Desbender l'arc, ne guerist point la playe.

¶ L'epistre du Coq en l'Asne, enuoyee a Lyon Iamet de Sansay en Poictou.

IE t'enuoye vng grant million
De Salutz, mon Amy Lyon.
S'ilz estoient d'or, ilz vauldroient mieulx.
Car les Françoys ont parmy eulx
Tousiours des Nations estranges:
Mais quoy? nous ne pouons estre anges

C'est pour venir a l'equiuoque
Pource que vne femme se mocque
Quant son Amy son cas luy compte.
Et pour mieulx te faire le compte,
A Romme sont les grans pardons,
Il fault bien que nous nous gardons
De dire qu'on les appetisse,
Excepté que gens de iustice
Ont le temps, apres les Chanoynes.
Ie ne vey iamais tant de Moynes
Qui viuent, & si ne font rien.
L'Empereur est grant terrien,
Plus grant que monsieur de Bourbon.
On dit qu'il faict a Chambourg bon,
Si faict il a Paris en France.
Mais si Paris auoit souffrance,
Montmartre auroit grant desconfort:
Ausi depuis qu'il gelle fort,
Croyez qu'en despit des ialoux
On porte souliers de Veloux,
Ou de tripe, que ie ne mente.
Ie suys bien fol, ie me tormente
Le cueur & le corps d'ung affaire,
Dont toy & moy n'auons que faire,
Cela n'est que irriter les gens,
Tellement que douze sergens
Bien armez iusques au collet,
Battront bien vng homme seullet.

Pourueu que point ne se deffende
Iamais ne veulent qu'on les pende
Si disent les vieulx Quolibetz,
Qu'on ne veoit pas tant de gibetz
En ce monde, que de Larrons.
Porte bonnetz carrez ou rondz,
Ou chapperons fourrez d'hermynes,
Ne parle point, & fais des mynes,
Te voyla sage, & bien discret.
Lyon Lyon, c'est le secret.
Apprendz tandis que tu es vieulx,
Et tu verras les enuieux
Courir comme la Chananee,
En disant qu'il est grant annee
D'amoureuses & d'Amoureux,
De dolentz & de langoureux,
Qui meurent le iour quinze fois.
Sammedy prochain toutesfois
On doit lire la Loy Ciuille.
Et tant de gens qui vont par ville,
Seront bruslez sans faulte nulle,
Car ilz ont cheuauché la Mulle,
Et la cheuauchent tous les iours.
Tel faict en Paris longs seiours,
Qui vouldroit estre en autre lieu.
Laquelle chose de par Dieu,
Amours finissent par cousteaulx,
Et troys dames des Blancs Manteaulx

S'abillent toutes d'une ſorte.
Il n'eſt pas poſſible qu'on ſorte
De ces Cloiſtres aucunement,
Sans y entrer premierement.
C'eſt vng argument de Sophiſte.
Et qu'ainſi ſoit, vng bon Papiſte
Ne dit iamais bien de Luther:
Car s'ilz venoient à diſputer,
L'ung des deux ſeroit Heretique.
Oultre plus vne femme ethique
Ne ſçauroit eſtre bonne bague.
D'auantaige, qui ne ſe brague,
N'eſt point priſé au temps preſent:
Et qui plus eſt, vng bon preſent
Sert en amours plus que babilz,
Et puis la façon des habitz
Dedans vng an ſera trop vieille.
Il eſt bien vray qu'ung amy veille
Pour garder l'autre de diffame.
Mais tant y a que mainte femme
S'efforce a parler par eſcript.
Or eſt arriué l'Antechriſt,
Et nous l'auons tant attendu.
Ma dame ne m'a pas vendu,
C'eſt vne chanſon gringotee
La muſicque en eſt bien notee,
Ou l'aſſiete de la clef ment.
Par la morbieu voyla Clement

Prenez le,il a mengé le lard.
Il faict bon estre papelard.
Et ne courroucer point les Fees.
Toutes choses qui sont coiffees,
Ont mout de lunes en la teste.
Escriuez moy s'on faict plus feste
De la Lingere du Palays:
Car maistre Iehan du Pont Alays
Ne sera pas si oultrageux,
Quant viendra a iouer ses ieux,
Qu'il ne nous face trestous rire.
Vng homme ne peut bien escrire,
S'il n'est quelque bon lizart.
La chanson de frere Grisart,
Est trop salle pour les pucelles,
Et si faict mal au cueur de celles
Qui tiennent foy a leurs mariz.
Si le grant Rimeur de Paris
Vient vng coup a veoir ceste lettre,
Il en vouldra oster ou mettre:
Car c'est le Roy des corrigears,
Et ma plume d'Oye ou de Iars
Se sent desia plus errenee,
Que n'est ta vieille haquenee:
D'escrire au iourdhuy ne cessa.
Des nouuelles de pardeça
Le Roy va souuent a la chasse,
Tant qu'il fault descendre la chasse

Sainct Marceau pour faire plouuoir.
  Or Lyon, puis qu'il t'a pleu veoir
Mon Epistre iusques icy,
Ie te supply m'excuser, sy
Du Coq a l'Asne voys saultant:
Et que ta plume en face autant:
Affin de dire en petit mettre
Ce que i'ay oublie d'y mettre.

Epistre a Monseigneur le Chãcellier du Prat, nouuellement Cardinal, enuoyee par le dict Marot oublyé en l'estat du Roy.

SI Officiers en l'estat seurement
Sont tous couchez, fors le poure Clement,
Qui comme vng arbre est de bout demouré,
Qu'en dictes vous Prelat tresshonnoré?
Doit son malheur estre estimé offense?
Ie croy que non. Et dy pour ma deffense,
Que s'ung Pasteur qui a fermé son Parc,
Trouue de nuyct, loing cinq ou six traictz d'arc,
Vne brebis des siennes esgaree,
Tant qu'il soit iour, & la nuyct separee,
En quelque lieu la doit loger & paistre.
Ainsi a faict nostre bon Roy & Maistre
Me voyant loing de l'estat ia fermé,
(Iusques au iour qu'il sera deffermé)
Ce temps pendant a pasturer m'ordonne.

Et pour trouuer plus d'herbe franche & bonne,
M'a adressé au pre mieulx florissant
De son Royaulme ample, large, & puissant.
La (sans argent) ie rimaille & compose.
Et quant suys las, sur ce Pré me repose,
Et ou la trefle en sa verdeur se tient,
La ou le Lys en vigueur se maintient,
La ie m'attends, la mon espoir ie fiche:
Car si seellez mon acquict, ie suys riche.
Raison me dit (puis que le Roy l'entend)
Que le ferez: mon espoir qui attend,
Me dit apres (pour replicque finalle)
Que de la grant dignité Cardinalle
Me sentiray: car ainsi que les Roys
De nouueau mys en leurs nobles arroys
Mettent dehors en pleine deliurance
Les prisonniers viuans en esperance,
Ainsi i'espere & croy certainement,
Qu'a ce beau rouge & digne aduenement,
Vous me mettrez (sans difference aucune)
Hors des prisons de faulte de pecune.
Puis qu'en ce doncq tous autres precellez,
Ie vous supply (tresnoble Pré) seellez
Ce mien acquict. pour quoy n'est il seellé?
Le Parchemin a long & assez lé.
Dictes (sans plus) il fault que le seelons,
Seellé sera sans faire procez longs.
S'on ne le veult d'aduenture seeller,

Ie puis bien dire(en effect)que c'est l'aer,
L'eau,terre & feu qui tout bon heur me cellent,
Consideré que tant d'autres se sellent.
Mais se ie touche argent par sa seelleure,
Ie beniray des foys plus de sept l'heure
Le Chancellier,le seau,& le seelleur
Qui de ce bien m'auront pourchassé l'heur.
C'est pour Marot,vous le congnoissez,ly,
Plus legier est que Volucres celi,
Et a suyuy long temps chancellerie,
Sans profiter rien touchant seellerie.
Bref,monseigneur ie pense que c'est la
Qu'il fault seeller, si iamais on seella:
Car vous sçauez que tout acquict sans seel
Sert beaucoup moins que potaige sans sel,
Qu'ung arc sans corde,ou qu'ũg cheual sans selle.
Si prie a Dieu & sa tresdoulce Ancelle,
Que dans cent ans en santé excellent
Vous puisse veoir de mes deux yeulx sellant.

¶ Dizain de Marot au dict Seigneur pour se plaindre de Monseigneur le Tresorier Preudhomme,faisant difficulté d'obeir a l'Acquict despesché.

PVissant Prelat,ie me plains grandement
Du Tresorier qui ne veult croyre en Cire,
En bon Acquict,en expres mandement,
En Robertet,n'en Françoys nostre Sire.
Si ne sçay plus que luy faire ne dire,

Fors paindre Dieu en mon acquict susdict.
A donc s'il est si preud homme qu'on dit,
Il y croyra, car en Dieu doit on croyre.
Encor i'ay peur que Dieu en soit desdict,
Si ne mettez l'homme en bonne memoire.

¶ Marot estant prisonnier escript au Roy pour sa deliurance.

ROy des Frãçoys, plein de toutes bontez,
Quinze iours a (ie les ay bien comptez)
Et des demain seront iustement seize,
Que ie fuz faict confrere au Diocese
De sainct Marry en l'eglise sainct Pris.
Si vous diray comment ie fuz surpris,
Et me desplaist qu'il fault que ie le dye.
Troys grans pendartz vindrent a l'estourdye
En ce Palays me dire en desarroy,
Nous vous faisons prisonnier par le Roy.
Incontinent qui fut bien estonné,
Ce fut Marot, plus que s'il eust tonné.
Puis ont monstré vng Parchemin escript
Ou n'y auoit seul mot de IESV CHRIST,
Il ne parloit tout que de playderie,
De Conseillers, & d'emprisonnerie.
Vous souuient il (ce me dirent ilz lors)
Que vous estiez l'autre iour la dehors
Qu'on recourut vng certain prisonnier
Entre noz mains? Et moy de le nyer,
Car soyez seur si i'eusse dit ouy,

Que le plus ſourd d'entre eulx m'euſt bien ouy.
Et d'autre part i'euſſe publicquement
Eſté menteur: car pourquoy & comment
Euſſe ie peu vng autre recouurir
Quant ie ne ſceu moymeſmes ſecourir?
Pour faire court, ie ne ſceu tant preſcher
Que ces Paillards me voulſiſſent laſcher.
Sur mes deux bras ilz m'ont la main poſee.
Et m'ont mené ainſi que vne eſpouſee:
Non pas ainſi, mais plus royde vng petit.
Et touteſfois i'ay plus grant appetit
De pardonner a leur folle fureur,
Qu'a celle la de mon beau procureur:
Que malle mort les deux iambes luy caſſe,
Il a bien prins de moy vne Beccaſſe,
Vne Perdrix, & vng Leurault auſſi,
Et touteſſoys ie ſuys encor icy:
Encor ie croy que ſi i'en baillois plus,
Il ne fauldroit a prendre comme glus.
Mais pour venir au poinct de ma ſortie,
I'ay tant chanté doulcement ma partie,
Que nous auons bien accordé enſemble:
Si que n'ay plus affaire (ce me ſemble)
Sinon a vous. la partie eſt bien forte,
Mais le droict poinct ou ie me reconforte,
Vous n'entendez proces non plus que moy,
Ne playdons point, ce n'eſt que tout eſmoy.
Ie vous en croy, ſi ie vous ay meſfaict:

Encor posé que le cas i'eusse faict,
Au pis aller n'y cherroit que vne amende.
Prenez le cas que ie la vous demande,
Ie prens le cas que vous me la donnez:
Et si plaideurs furent oncq estonnez
Mieulx que ceulx cy, ie veulx qu'on me deliure,
Et que soubdain en ma place on les liure.
  Si vous supply (Sire) mandez par lettre
Qu'en liberté voz gens me vueillent mettre.
Et si i'en sors, i'espere qu'a grant peine
M'y reuerront, si on ne m'y rameine.
  Treshumblement requerant vostre grace
De pardonner a ma trop grant audace
D'auoir empris ce fol escript vous faire,
Et m'excusez si pour le mien affaire
Ie ne suys point vers vous allé parler,
Ie n'ay pas eu le loysir d'y aller.

¶ Epistre a Monseigneur le Cardinal de Lorraine, par laquelle l'Autheur le supplye de parler pour luy a Monseigneur le grant Maistre.

L'Homme qui est en plusieurs sortes bas,
Bas de stature, & de ioye, & d'esbatz,
Bas de sçauoir, en bas degré nourry,
Et bas de biens, dont il est bien marry,
Prince tresnoble, a vostre aduis comment
Vous pourroit il salüer haultement?
Fort luy seroit, car petite clochette

A beau bransler auant qu'vng hault son gette.
Puis qu'il n'a donc qu'humble & basse valüe,
D'ung stile bas humblement vous salüe.
Mais qui est il ce gentil salüeur
Qui ose ainsi approcher sa lueur
Du cler soleil qui la peult effacer?
C'est vng Marot, le quel vient pourchasser
Vng traict verbal de vostre bouche exquise,
Pour bien tirer droict au blanc ou il vise.
Ce qu'il attend en ceste court, gist la,
Et ce pendant pour tous tresors il a
Trois petitz dons ou quelque heur il praticque:
C'est assauoir vne plume rusticque,
Vng don Royal ou ne peult aduenir,
Et vng espoir (en vous) d'y paruenir.
Touchant la plume, elle vient de la Muse
Qui a rimer aucunesfois l'amuse.
Le don Royal vient (certes) d'ung octroy
Plus liberal que de nul autre Roy.
Quant a l'espoir que i'ay en vous bouté,
D'ailleurs ne vient que de vostre bonté
En qui me fie. Et bref, telle fiance
Mettra ma peine au gouffre d'oubliance.
I'entens pourueu que Monsieur le grant Maistre
Vueillez prier vouloir souuenant estre
De mon affaire a ces nouueaulx estatz:
Car on y voit vng si grant nombre & tas
De poursuyuantz, que grant peur au cueur ay ie

De demourer aussi blanc comme Neige,
Et puis Fortune en l'oreille me souffle
Qu'on ne prent point en court telz chatz sans
mouffle,
En me disant que a cause de rebout
Souuent se fault tenir ferme debout,
Et qu'aux estatz des Roys on ne se couche
Facillement comme en lict ou en couche.
Soubz ces propos, Fortune l'insensee
Languir me faict sans l'auoir offensee.
Mais bon Espoir qui veult estre vainqueur,
Iusques chez moy vient visiter mon cueur,
En m'asseurant que vne seulle parolle
De vous me peult faire coucher par rolle.
Plaise vous donc noble Fleuron Royal,
Plaise vous donc a ce Baron loyal
En dire vng mot (pour ma protection)
Accompaigné d'ung peu d'affection,
Si vous pourray donner ce los (si i'ose)
De m'auoir faict d'ung nihil quelque chose.
Mais d'ou prouient que ma plume se mesle
D'escrire à vous? ignore ou presume elle?
Non (pour certain) motif en est Mercure,
Qui, long temps a, de me dire print cure
Que vous estiez des bien aymez amans,
De dictz dorez, de beaulx rymez Romans,
Et de Science, & diuine, & humaine.
C'est le motif qui mon Epistre meine

Deuant voz yeulx, esperant que bien prise
Sera de vous sans en faire reprise:
Non que dedans rien bon y puisse auoir,
Fors vng desir de mieulx faire & sçauoir.
Et nonobstant si petit que i'en sçay,
Quant me vouldrez pour vous mettre a l'essay,
Et que mon sens ie congnoisse trop mynce
Pour satisfaire a tant excellent Prince,
Ie m'en iray par Boys, Prez, & Fontaines
Pour prier la toutes Nymphes haultaines
De vouloir estre a mon escript propices,
Affin de mieulx accomplir voz seruices.

¶ Epistre au Roy par Marot estant malade a Paris, presentee le premier iour de l'An.

ON dit bien vray, la mauuaise fortune
Ne vient iamais quelle n'en apporte vne,
Ou deux, ou trois auecques elle (Sire)
Vostre cueur noble en sçauroit bien que dire,
Et moy chetif, qui ne suys Roy ne rien,
L'ay esprouué. Et vous compteray bien
Si vous voulez, comme vint la besongne.
I'auoys vng iour vng valet de Gascongne,
Gourmant, yurongne, & asseuré Menteur,
Pipeur, Larron, Iureur, Blasphemateur,
Sentant la Hart de cent pas a la Ronde:
Au demeurant le meilleur filz du monde,

Prisé,loué:fort estimé des filles
Par les Bordeaulx,& beau ioueur de Quilles.
Ce venerable Hillot fut aduerty
De quelque argent que m'auiez departy,
Et que ma Bourse auoit grose apostume:
Si se leua plus tost que de coustume,
Et me va prendre en tapinois icelle
Bourse,& la mist tres bien soubz son esselle,
Argent & tout (cela se doit entendre)
Et ne croy point que ce fust pour la rendre,
Car oncques puis ie n'en ouy parler.
Bref,le vilain ne s'en voulut aller
Pour si petit,mais encor il me happe
Saye,& Bõnet,Chausses,Pourpoinct,& Cappe.
De mes habitz(en effect)il pilla
Tous les plus beaulx,& puis s'en habilla
Si iustement qu'a le veoir ainsi estre,
Vo⁹ l'eussiez pris(en plaĩ iour)pour son maistre.
Finablement de ma chambre il s'en va
Droit a l'estable,ou deux cheuaulx trouua:
Laisse le pire,& sur le meilleur monte,
Picque & s'en va.Pour abreger le compte,
Soyez certain qu'au partir du dict lieu
N'oublia rien,fors a me dire Adieu.
Ainsi s'en va chastoilleux de la gorge
Le dict valet monté comme vng sainct George,
Et vous laissa monsieur dormir son saoul,
Qui au resueil n'eust sceu finer d'ung soul.

Ce monsieur la (Syre) c'estoit moymesme,
Qui (sans mentir) fuz au matin bien blesme,
Quant ie me vy sans honneste vesture,
Et fort fasché de perdre ma monture:
Mais de l'argent que vous m'auiez donné,
Ie ne fuz point de le perdre estonné:
Car vostre argent (tresdebonnaire Prince)
(Sans point de faulte) est subiect a la pinse.
  Bien tost apres ceste fortune la,
Vne autre pire encores se mesla
De m'assaillir, & chascun iour m'assault,
Me menassant de me donner le sault,
Et de ce sault m'enuoyer a l'enuers
Rymer soubz terre, & y faire des vers.
  C'est vne lourde & longue maladie
De troys bons moys, qui m'a toute eslourdie
La poure teste, & ne veult terminer:
Ains me contrainct d'aprendre a cheminer,
Tant affoibly m'a d'estrange maniere.
Et si m'a faict la cuysse heronniere,
L'estomach sec, le ventre plat & vague,
Quant tout est dit, aussi mauuaise bague
(Ou peu s'en fault) que femme de Paris,
Saulue l'honneur d'elles, & leurs Maryz.
  Que diray plus? au miserable corps
(Dont ie vous parle) il n'est demouré fors
Le poure esprit, qui lamente & souspire,
Et en plorant tasche a vous faire rire.

Or pour autant (Syre) que suys a vous,
De trois iours l'ung viennent taster mon poulx
Messieurs Braillon, le Coq, & Akaquia,
Pour me garder d'aller iusques a quia.
Tout consulté, ont remys au Primtemps
Ma guerison: mais a ce que i'entends,
Si ie ne puis au Primtemps arriuer,
Ie suys taillé de mourir en Yuer:
Et en danger (si en Yuer ie meurs)
De ne veoir pas les premiers raisins meurs.
Voyla comment depuis neuf moys en ça
Ie suys traicté. Or ce que me laissa
Mon larronneau, long temps a, l'ay vendu,
Et en Sirops, & Iulebz despendu.
Ce neantmoins ce que ie vous en mande,
N'est pour vous faire ou requeste ou demande,
Ie ne veulx point tant de gens ressembler,
Qui n'ont soucy autre que d'assembler,
Tant qu'ilz viuront, il demanderont eulx.
Mais ie commence a deuenir honteux,
Et ne veulx plus a voz dons m'arrester.
Ie ne dy pas, si voulez rien prester,
Que ne le preigne: il n'est point de presteur
(S'il veult prester) qui ne face vng debteur.
Et sçauez vous (Syre) comment ie paye?
Nul ne sçait, si premier ne l'essaye.
Vous me deurez (si ie puys) de retour.
Et vous feray encores vng bon tour,

A celle fin qu'il n'y ait faulte nulle,
Ie vous feray vne belle cedulle
A vous payer (ſans vſure, il ſ'entend)
Quant on verra tout le monde content,
Ou (ſi voulez) a payer ce ſera
Quant voſtre los & renom ceſſera.
Et ſi ſentez que ſoys foible de reins
Pour vous payer, les deux Princes Lorrains
Me plegeront, ie les penſe ſi fermes,
Qu'ilz ne fauldront pour moy a l'ung des termes.
Ie ſçay aſſez que vous n'auez pas peur
Que ie m'en fuye, ou que ie ſoye trompeur:
Mais il faict bon aſſeurer ce qu'on preſte.
Bref, voſtre paye (ainſi que ie l'arreſte)
Eſt auſſi ſeure aduenant mon treſpas,
Comme aduenant que ie ne meure pas.
Aduiſez donc ſi vous auez deſir
De rien preſter, vous me ferez plaiſir.
Car puis vng peu i'ay baſty a Clement,
La ou i'ay faict vng granr deſbourſement.
Et a Marot, qui eſt vng peu plus loing.
Tout tombera qui n'en aura le ſoing,
Voyla le poinct principal de ma lettre,
Vous ſçauez tout, il n'y fault plus rien mettre.
Rien mettre las? Certes ſi feray,
Et ce faiſant, mon ſtile i'enfleray,
Diſant, O Roy amoureux des neuf Muſes,
Roy en qui ſont leurs ſciences infuſes,

R oy plus que Mars d'honneur enuironné,
R oy le plus Roy qui fut onc couronné,
D ieu tout puiſſant te doint(pour t'eſtrener)
L es quatre coings du monde gouuerner,
T ant pour le bien de la ronde Machine,
Que pour autant que ſur tous en es digne.

Huictain a ce propos a l'Abbe de Sainct Ambroys.

PVis que le Roy a deſir de me faire
A ce beſoing quelque gracieux preſt,
I'en ſuys content: car i'en ay bien affaire,
E t de ſigner ne fus oncques ſi preſt:
P arquoy vous pry' ſçauoir de combien c'eſt
Qu'il veult cedulle, affin qu'il ſe contente.
I e la feray tant ſeure(ſi Dieu plaiſt)
Qu'il n'y perdra que l'argent & l'attente.

Ballade ſans refrain, reſponſiue a l'Epiſtre de celluy qui blaſma Marot, touchant ce qu'il eſcriuit au Roy quant ſon valet le deſroba.

LE Rimeur qui aſſailly m'a,
E n mentant contre moy rima:
C ar ie ne blaſme point Gaſcongne.
D e toutes tailles bons Leuriers,
E t de tous artz mauuais ouuriers.
S on Epiſtre aſſez le teſmoigne.
Il fault dire puis qu'ainſi hoigne,
Que ie luy ay graté ſa roigne

En quelque mot qu'il trouua let.
Pourquoy d'ailleurs vouldroit il guerre?
Ie vouldrois voulentiers m'enquerre,
S'il est parent de mon valet.
Si ie congnoissois le follet,
Ie produyrois en mon rollet
De sa vie assez de tesmoings.
Quel qu'il soit, il n'est point Poete,
Mais filz aisné d'une Chouette,
Ou aussi Larron pour le moins.
 Pinseur, pinsant entre autres poinctz
Ie t'ay pinsé de ce mot pinse.
Les bons n'y sont pinsez ne poingtz:
Mais les meschans, dont tu es Prince.

FIN.

AVTRES OEVVRES FAICTES EN SA DICTE MALADIE, ET PREMIEREMENT AU LIEUTENANT DE BOURGES GONTIER, QUI LUY ESCRIUIT EN RYME.

I Maladie au visaige blesmy
N'eust perturbé le sens de ton Amy,
Long temps y a (Gontier) que ta semonce
Eust eu de moy la p̃sente respõse,
Qui ne deburoit response se nommer,
Quant a tes faictz qui feront renommer.

T on nom par tout,& apres la mort viure,
S i en ceſt art veulx ta poincte pourſuyure,
T es poinctz ſont grans,tes metres meſurez,
T es dictz tous d'or,tes termes azurez,
V oire ſi haultz & arduz a tout prendre,
Que mon eſprit trauaille a les comprendre.
Quant tout eſt dict,les louenges donnees
D e toy a moy,doibuent eſtre ordonnees,
S ans de nulluy vouloir bleſſer l'honneur:
A Ian le Maire,ou au meſme donneur.
Il te falloit vng eſprit poetique,
N on pas ma plume eſſoree & ruſticque
P our te reſpondre.Or ay ie mys eſtude
A n'eſtre point noté d'ingratitude.
T u m'as eſcript,ie te reſpons auſſi.
E t ſi tu n'as beaucop de vers icy,
S upporte moy,les Muſes me contraignent
P enſer ailleurs,& fault que mes vers plaignent
L a dure mort de la mere du Roy,
M on Mecenas.Et ſi quelque deſroy
O n trouue icy,ou reſuerye aucune,
T u n'as(Gontier)pour moy excuſe qu'une:
C'eſt que celluy pour reſueur on prendra,
Qui vng reſuant(en fieure)reprendra.

¶ A Vignals Thoulouſan,Eſcolier a Bourges,qui luy eſcriuit en Proſe , auec vng Rondeau.

QVant Dieu m'auroit aussi bien presenté
Le bon loysir, & l'entiere santé,
Que le vouloir, ta response alongee
Seroit du tiers, & beaucoup mieulx songee,
Ce neantmoins (Vignals) ie pense bien
Que tu congnois que le souuerain bien
De l'amytie ne gyst en longues lettres,
En motz exquis, en grant nombre de mettres,
En riche ryme, ou belle inuention:
Ains en bon cueur, & vraye intention.
Dont ie m'attends qu'excusé ie seray
De ton bon sens. Or a tant cesseray.
Ma Muse foible a peine peult chanter.
Mais pour le moins tu te peulx bien vanter
Que de Marot tu as a ta commande
Petite Epistre, & amytié bien grande.

¶ Ce qu'il escriuit a ses Medecins en sa dicte Maladie.

Huictain a Monsieur Braillon.

C'Est vng espoir d'entiere guerison,
Puis que santé en moy desia s'imprime.
Vray est que yuer foible, froit, & grison
Nuyst a Nature, & sa vertu reprime:
Mais si voulez, si aurez vous l'estime
De me guerir sans la neufue saison:
Parquoy monsieur ie vous supply en ryme,
Me venir veoir, pour parler en raison.

Mart. Akakiæ ad Clementem Maronem Tetraſtichon.

Si mihi tam diues, Maro, quàm tibi vena fuiſſet
Carmina ſperaſſes his meliora dari.
Quæ ſi ſpectaris, non ſunt te munera digna:
Sin animũ, haud dubito quin tibi grata ſient.

¶ Huictain reſponſif aux vers precedens.

TEs vers exquis ſeigneur Akakia
Meritent mieulx de Maro le renom,
Que ne font ceulx de ton Amy qui a
Auec Maro confinité de nom.
Tes vers pour vray ſemblent coups de Canon
Et reſonnance aux miens eſt ſi petite,
Qu'aux tiens ne ſont a comparer, ſinon
Du bon vouloir que ta plume recite.

¶ Sizain a Monſieur le Coq qui par vne lettre reſpõſiue promettoit gueriſon au dict Marot.

LE chant du Coq la nuyct point ne ꝑnõce:
Ains le retour de la lumiere abſconſe,
Dont ſa nature il fault que noble on tiẽne.
Or t'es monſtré vray Coq en ta reſponſe,
Car ton hault chant rien obſcur ne m'anonce,
Mais ſanté viue, en quoy Dieu te maintienne.

Autre Sizain au dict Coq.

SI le franc Coq liberal de nature
N'est empesché auec sa Gelinotte,
Luy plaise entendre au chant que ie ly note
Et visiter la triste creature
Qui en sa chambre a faict ceste escripture
Myeulx enfermé qu'en sa caige Lynote.

¶ Huictain a Monsieur l'Amy aussi medecin nouuellement sorty de Maladie.

AMy de nom, de pensee, & de faict,
Qu'ay ie meffait, q̃ vers moy ne prés voyes
Graces a Dieu, tu es dru & refaict,
Moy plus deffait, que ceulx que mortz on fait:
Mort en effect, si Dieu toy ne m'enuoye:
Brief ne pouruoye au mal qui me desuoye:
Que ie te voye, a demy suys guery,
Et sans te veoir, a demy suys pery.

¶ Marot malade a Monseigneur de Guyse passant par Paris.

VA tost Epistre, il est venu, il passe,
Et part demain des Princes l'oultrepasse,
Il le te fault saluer humblement,
Et dire ainsi. Vostre humble serf Clement
(Prince de Pris) luy mesme fust venu:
Mais maladie au lict l'a retenu
Si longuement, qu'oncques ne fut si mynce,
Palle, & deffaict: Vray est (illustre Prince)
Qu'en ce corps maigre est l'esprit demouré.

Qui autreſſois a pour vous labouré,
Non bien ſachant combien il y doit eſtre.
Par quoy tandis qu'il vyt en ce bas eſtre,
Seruez vous en, ainſi diras Epiſtre
A cil qui eſt digne de Royal tiltre.
Puis te tairas: car tant debile ſuys
Que d'ung ſeul vers alonger ne te puis.

¶ Dizain a Pierre Vvyard Secretaire du dict Seigneur.

CE meſchant Corps demande gueriſon
Mon frere cher, & l'Eſprit (au contraire)
Le veult laiſſer comme vne orde priſon.
L'ung tend au Monde, & l'autre a s'en diſtraire.
C'eſt grant pitié que de les ouyr braire.
Ha (dit le Corps) fault il mourir ainſi?
Ha (dit l'Eſprit) fault il languir icy?
Va (dit le corps) mieulx que toy ie ſouhaitte.
Va (dit l'Eſprit) tu faultz, & moy auſſi.
Du Seigneur Dieu la volunté ſoit faicte.

¶ Marot enuoye le liure de ſon Adoleſcence a vne Dame, & luy mande,

TV as pour te rendre amuſee
Ma ieuneſſe en papier icy.
Quant a ma ieuneſſe abuſee,
Vne autre que toy l'a vſee:
Contente toy de ceſte cy.

S'enſuyuent aucunes oeuures qui ne ſont de la facon dudict Marot.

¶ Chant Royal de la fortune & biens mondains, composé par vng des amys de C.M.

LE trespuissant Dieu, le Pere parfaict,
Qui tout regist, tout tempere & parfaict,
Tout sçait, tout voit, & en tout ordre a mis
A vng festin, ou a chascun part faict,
Nous inuita tant par dict que par faict,
Lors que nous tous fusmes au monde admys,
Deliberant comme ses chiers amys
Bien festoyer en chere & en despense.
C'est ceste vie, ou selon sa dispense
Viuent & sont tous homs ensemblement.
Riens n'y portons: & luy pour recompense
Riens ne requiert par escot, fors que on pense
Remercier le Seigneur humblement.
En ce festin il nous fault en effect
Auoir maintien tout ainsi qu'en est faict
Ciuilement en vng bancquet promys.
Lauer ses mains, que rien n'y soit infect.
S'asseoir au lieu que le Paranymphe ayt
Plus bas marché, on pour luy sont commys.
Et si plus hault monter nous soit commys,
Obtemperer en toute diligence.
Ainsi assis ne faire nulle vrgence.
Quant au seruice, attendre affablement,
Des metz seruiz prendre a son indigence,
Puis en rendant graces de l'allegeance

Remercier le Seigneur humblement.
Ainsi conuient pour euiter meffaict
Soy maintenir:car l'homme trop meffaict
Qui de obseruer ceste grace est remys.
Premierement,deuant qu'on soyt refaict
Des biens de Dieu,fault que lon soyt refaict
Et relaué,car trop sommes maulmys.
C'est,par baptesme,ou par seur compromys
Sommes esleuz a la saincte assistence.
Puis se vestir de la ferme existence
De foy,qui l'homme orne tresnoblement:
Ainsi s'asseoir,cedant sans desistence
Les lieux premiers,& la sans resistence
Remercier le Seigneur humblement.
Si tout soubdain qu'on est a table affect,
Lon n'est seruy,& que autant que eut Iaphet
Lon n'a de biens,foyzonnans comme fromys,
Pourtant ne fault en murmur putrefaict
Soy conuertir,ainsi qu'est contrefaict
Par gens brutaulx,passez au gros tamys.
Car foy nous dict qu'il nous sera transmys
Lassus du Ciel pour viure a suffisance.
Mais Dieu preueoit que la soubdaine vsance
De biens mondains nous nuyroit doublement:
Par ce attendons,& lors que a iouyssance
Offertz seront,reste a nostre puissance
Remercier le Seigneur humblement.
Si Nemesis(qui du faict & deffaict

V se tousiours)nostre repas deffaict,
E n desseruant les metz a nous submys,
G emir n'en fault,car l'homme trop forfaict
Qui dict que Dieu luy tiendroit nul tort faict
E n repetant les biens qu'il a permys.
M ieulx nous aduient,ces metz & biens demys
I a nous auoient,& nous faisoient greuance.
E t Atropos si du conuyz s'auance
N ous mettre hors,ains que finablement
A yons myné nostre auoir & cheuance
S uyure la fault,& en toute obseruance
R emercier le seigneur humblement.
Prince,quiconque en ceste corpulence
H umaine estant,par terrestre opulence
A insi qu'ay dict,viura,visiblement:
L e verra lon assis sans deffaillance
A u grant bancquet d'eterne precellence
R emercier le seigneur humblement.

F I N.

EPITAPHE DE MARIE FILLE aisnee de Monsieur Destissac, composé par le susdict.

L'ame parle.

DE Dieu formee, & du hault ciel yssue,
E n terre vins,ou ie me suys tissue
C e petit corps traict Destissac & Lude.
P ure i'estoys,mais lors que y fuz conceue

En tel delict ie me suys apperceue
Que fut Adam par son ingratitude:
Dont ne voulant en celle turpitude
Long seiourner, deuant terme nasquys,
Et vins au monde, ou par baptesme acquis
Estre remise en premiere innocence
Que de rechef craignant perdre, requis
Plus tost mourir par ce moyen exquis,
Vne heure apres s'en eu de Dieu dispense.

¶Epitaphe du Conte de Salles.

S'Oncque a pitié il te conuint mouuoir,
Et d'autry cas ou malheur te douloir,
O viateur, ne te desdaigne mye
Veoir cest escript & piteuse Omelie:
Si gemiras le grief despart d'ung Conte,
Qui viuant pleut en toute compaignie,
Mais on n'en faict mise, recepte, ou compte.
Ie suys celluy, comme tu dois sçauoir,
Conte de Salles, assez plaisant a veoir,
Qui par mes gestes, brocardz, & tragedie
Mainte assemblee ay souuent resiouye,
En entretien ayant plus grace que honte,
Et en accordz, & doulx chantz armonie:
Mais on n'en faict mise, recepte, ou compte.
Cuydant fuyr le naturel deuoir,
Mort au passaige m'arrester eut vouloir,
Et n'est amy qui a m'ayder s'emplye,

Parquoy laissay pour bon gaige ma vie:
Dont i'ay quittance sans faulte ne mescompte
Escripte au Roolle des mortz d'epidemie:
Mais on n'en faict mise, recepte, ou compte.
  Prince, inutil est mon ramenteuoir,
Parquoy vous dis a Dieu iusqu'au reuoir.
Des bonnes partz la meilleure ay choysie.
Fol est pour vray qui au monde se fie,
Car tel est bien hault iuché qu'on demonte,
L'homme prudent a tel ieu ne lenuye:
Mais on n'en faict mise, recepte, ou compte.

¶ Complaincte de Dame Bazoche sur le trespas du dict Conte.

O Sort inerte de lubrique repos,
O fil couppé par la dire Atropos
Que Lachesis en commençoit filler.
Les destinees de trop ferme propos
M'ont tost osté mon plus plaisant suppost
Par le vouloir de celluy qui feist l'aer.
Pas ne failloit si soubdain affiller
Poincte a la mort pour chose si tres tendre,
Quant lon pouuoit sans plus tordre enfiller.
Plus l'arc est foible, moins de force a le tendre.
  Si pour rauoir les tresnobles enfans,
Les francz Galloys furent tant triumphantz,
Demenans ioye sans bornes & sans lice,

O mort austere qui mon cueur triste fendy,
N'a tu pas tort qui ainsi me deffendy
M a ioye entiere?n'es tu pas faulce lice?
P lus ie ne puis mettre a mes plainctz police,
I l en est faict,le cas trop pres me touche,
D'oresnauant s'on voit que ie palisse,
L on congnoist l'or quant est mis sur la touche.
Vous elemens qui l'auez delaissé,
V enez a moy,ie vous veulx a lesse
P our auec vous contenter ma douleur,
L'air en souspirs me sera delaissé,
E n criz le feu, la terre,ie le sce
D essus ma teste en signe de rigueur,
E n pleurs & larmes me donra sa valeur
L'eau distillant plus dru que d'ung Rosaire
D e mes deux yeulx en perdant ma couleur,
C ar trop est fort porter tant de misere.
S'esbahyt on si mon cueur triste rendy
Quant voy mon conte au cloistre sainct Laurés
A insi de peste soubdainement mourir?
H a mes suppostz gettez vous sur les rancs,
P our auec moy estre rememorans
L a perte grande qu'il nous conuient souffrir,
I adis le veistes a tous voz faictz souffrir,
E t en voz ieux faire florir son nom,
I re fatalle ores le faict pourrir.
P ar faulx esteuf on pert souuent le bon.
Vous Baronat qui fustes son seigneur,

Et vous Guillaud, de ſon bien enſeigneur,
Voicy pour vous piteuſe chanſonnette.
Vous compaignon qui l'aymaſtes de cueur,
Auez point eu triſteſſe du malheur
Qui ſuccumba ſi ſimple perſonnette?
Chaſcun de vous a lamenter ſe mette,
Le paſſetemps, la ioye, & le confort,
Qu'en ſon viuant par ſa façon & geſte
A vng chaſcun plaire faiſoit effort.
Las ſi n'eſtoit l'eſpoir de Paradis,
Ou il repoſe, chantant motetz & ditz,
En deſeſpoir ie fineroys ma vie.
Puis que la giſt, comme ie croys & dis,
Fin ie feray aux preſentz intenditz,
Non que pourtant a iamais ie deſuie
Pour telle perte en pleurs eſtre rauye,
En conferant ſon treſpas par encombres,
Meres piteuſes toutes ie vous conuie,
M'apparenter aux filliales vmbres.

¶Rondeau.

AV cueur ne peult vng chaſcun commãder,
Ne les raiſons de ſon vueil demander
Pour les entendre a la perfection,
Cela pour vray giſt a l'affection
Qui ſert de luy pour nuyre ou amender.
L'oeil fouruoyé ſe peult contremander,
Bouche obeyr pour ſe recommander,

Bien que ce soit dissimulation
Au cueur.
La main se peult a tous faictz hazarder,
L'oreille ouyr, ou d'ouyr se garder,
Franche est ainsi leur occupation,
Au dedans gist toute l'affection
Mesme d'amour, ou il fault regarder
Au cueur.

¶ Autre Rondeau.

IVges, preuostz, bourgeoys, marchans, cõmun,
Nobles, vilains, & vous seigneurs d'Eglise
Amendez vous: si non ie vous aduise,
Que ne verrez l'An cinq cens quarante vng.
Lassus aux cieulx il est bruyt que chascun
Offense Dieu, qui n'est pas bonne guise,
Iuges preuostz.
Perseuerer en son mal, c'est esgrun.
Le monde faict de peché marchandise.
Bref, il fauldra que chascun se reduise,
Ou des trois partz n'en demeura nesvng.
Iuges preuostz.

¶ Autre Rondeau.

NOstre maistre Geoffroy Brulart
Qui sçauez la science & l'art
De guerir les gens de tous maulx,
Icy est l'ung de voz feaulx
Qui de colique brusle & ard.
Ie ne mange poisson ne lard,

Non que craigne le papelart:
Mais mon mal me faict trop d'assaultz
Nostre maistre.
Venez y doncq plus tost que tard,
Et n'oubliez pas le broillart
De voz receptes a monceaulx,
Et payé serez en Royaulx:
Car vous estes saige vieillart
Nostre maistre.

Remede contre la peste faict par Clement Marot.

Recipe assis sus vng banc
De Meance le bon iambon,
Auec la pinte de bon vin blanc
Ou de clairet, mais qu'il soit bon.
Boire souuent de grant randon,
Le dos au feu, le ventre a table
Auant partir de la maison,
C'est oppiate prouffitable.
A vostre disner vserez
De viandes creuses & legieres.
Beuf ne Mouton ne mangerez:
Car ce sont trop dures matieres.
Connilz, Perdris soubz les poppieres,
Passeretz, aussi Perdriaulx.
Fuyez vieulx oyseaulx de Riuieres
Et manges forces Faisandeaulx.
Ne dormez point apres disner:

Car le dormir est dangereux.
Et quant ce viendra au soupper,
Beuuez des vins delicieulx:
Puis apres entre deux lincieulx
Allez reposer vostre teste.
Continuez vng au ou deux,
De troys moys ne mourrez de peste.

Rondeau.

QVi ses besoignes veult bien faire
Selon le temps qui a present court,
Dissimuler fault,& soy taire.
Peu parler,& faire le sourd,
Est bon:car grand prouffit en sourt.
Le Herault vng peu contrefaire,
Mais encore est il necessaire
Estre beau parleur,& non lourd.

Raison.

Venir fault en toute saison
Labourer au champ de Raison.

Les gens de mestier.

Mieulx vault mestier de cueur loyal,
Que oysiueté de cueur Royal.

Conseil.

A nully ne preste l'oreille,
Et a moy mesmes me conseille.
Enfans ie vous fais a sçauoir
De plaire a tous pour paix auoir.
On est en repos en tout temps,

Auec les sages & constans.
Les bonnes meurs & les Vertus
Sont en tout temps en leurs Vertus.
Tiens ton infortune secrette,
Affin que tes grans ennemys
Ne s'esiouyssent de ta souffrette.
Soys songneux en toute saison
Du train de toute ta maison.
Lis en plusieurs liures souuent,
Plus sage en seras que deuant.
Tes filz & filles endoctrine,
Et tiens subiectz par ta doctrine.
En tous affaires & passage
Vse & tiens le conseil de sage.
Euite noyses & debatz,
Ou que tu soys, soyt hault ou bas.

Vng Dizain du trop saoul, & de l'affamé.

L'Autre iour vng pouure estranger
Me comptoit d'ung qui mourut yure.
Et me dist, ie n'ay que manger.
Ie ne meurs, ny ay de quoy viure.
Ie seroys heureux de le suyure
Et demandoit le quel des deux
Me sembloit le plus malheureux.
L'ung est mort, & tu es bien sain.
Las (dit il) i'ay moy langoureux:
Fain sans fin, l'autre eut fin sans fain.

¶ Sur, Iuppiter ex alto periuria ridet amantum.

TOus les sermens que femme peult iurer
A son amy quant elle est accusee,
Tous les propos que ieunesse abusee
Presente au cueur doubteux pour l'asseurer,
Ont ilz pouuoir de faire moins durer
Ou diuertir mon malheureux soucy?
Non, car i'ay veu son mary murmurer
Souuent de moy qu'elle iuroit ainsi.

¶ Sur ce mesme, Iuppiter ex alto &c.

qu'elle iuroit ainsi.

Rondeau.

O Bon Iesus de Dieu eternel filz
Qui auec luy les cieulx & monde feis,
Las prens pitie de moy ta creature:
I'ay contre toy tant faict de forfaicture,
Que tous mes sens en sont de deuil confitz.
En vne croix tout ton corps fut affix,
Ou par ta mort les enfers tu deffitz,
Non pour moy seul, mais pour toute nature
O bon Iesus.
En ceste croix ou tu fuz crucifix,
De Paradis le chemin tu reffis,
Et d'icelluy feis a tous ouuerture
De tous delictz tu es la couuerture:
Couure les miens, & ce qu'onques meffeis
O bon Iesus.

Placet au Roy pour Marot.

PLaise au Roy ne reffuser point
Ou donner, lequel il vouldra,
A Marot cent escutz a poinct:
Et il promect qu'en son pourpoinct
Pour les garder ne les couldra.
Monsieur le Legat l'absouldra
Pour plus dignement receuoir,
I'entends s'il veult faire deuoir
De seeller lacquict a lespargne.
Mais s'il est dur a y pourueoir,
Ie croy qu'il aura grant pouuoir
S'il me faict bien dire D'auuergne.

L'epistre de L'asne au Coq, responsiue a celle du Coq en L'asne.

PVys que ma plume est en sa voye,
Autant de salutz ie t'enuoye
Coq mon amy, sur tous admis,
Que puys nagueres m'as transmis
Te remercyant de ta lettre,
Car puys que me declaires l'estre
De pardela, comme on peult veoir,
De pardeça te fais sçauoir
Que festes clost la sainct Hilaire
Voila dont vint la grant cholere
Que Ragot n'osta son bonnet
Pour estre benict franc & nect,

De troys doigtz despois sur le tymbre
Et si n'estoit que vint le tymbre
Aux cantines du parion
Espaigne auoit son horion
Pour vng cartier de recompense,
Mais ce n'est pas ce que ie pense
Car a bon pied bon oeil bon cueur,
Alors disoit l'equiuocqueur
A sa femme non pas sans ire,
Quant par esbat luy pensoit dire
Mon amy doulx, equiuocons
Qui faict cela & qui voz cons
Que nous soyons en Ialouzie
Mauldict soit tant de fantaisie
Qu'on a du gorgerin meschant,
Il couste bon a maint marchant
Pour peur de monsieur le derriere,
Guare deuant arriere arriere
Se disent noz ventrefendu,
C'est alors qu'on a defendu
Que lon en veult bon gre deffences
Puys pour reparer les offences
Lon sen venge par Atropos
Mais ie reuiens a mon propos
Affin qu'a m'entendre ne failles,
Puys que tu es hors des murailles
Ie te veulx racompter de moy,
Si n'estoit qu'il ya de lesmoy

Plusieurs iours seroient a leur aise,
Mais que veux tu quant on le baise,
C'est vng signe qu'on est bien pres
Lon crie bien apres apres,
Et ce pendant la proye eschappe,
C'est assez puys qu'on a la chappe
Laisse trotter le chapperon
Ie croy que nous l'eschapperon
Si ne demourons au passaige,
Au temps qui court, il n'est pas saige
Celluy qui n'a iambe de boys.
Aux chiens congnoist on les abboys,
Si lon ne fault a bien comprendre,
Car disent ceulx qui sçauent prendre
Tout, fors esguilles par le bout
Femmes de plat & boys debout
Durent comme tous les grans Diables,
Ceulx qui trenchent des seruiables,
Auront part en rochemelon,
Qui veult trouuer le bon melon
Il luy conuient sentir au cul,
Maint vng seroit desia coquu
S'il auoit son faulcon en mue,
C'est assez dit, lon se remue
En esté quant la place est chaulde,
Garder se fault qu'on ne s'eschaude,
Quant lon prent le morceau trop chaust
Au pis aller il ne m'en chault,

I'ay aprins souffler dans ma souppe,
Aussi lon me dict monsieur souppe,
Au moins il est a son priue
Sçauoir vouldroys qui t'a priue
Du grant credit enuers les femmes,
Vng tas de adieux faictz par infames
Ont rendu Paris tout crotteux
Par mon serment ie suys honteux,
Quant lon preste troux pour cheuilles
Sçauoir vouldroys si les cheuilles
Ont point gasté voz cachenez.
Ie m'esbahiz de ces punays
Qui frisent leurs peaulx a escaille,
Si lon faict sonner lanticaille
Peu de dames la danseront,
Car quant les mommons y seront
Lon fera la danse a tastons,
Maint vng pour espargner frettons
Est contrainct de souffler les orgues
Laisse passer monsieur des Morgues,
C'est luy qui ioue du cousteau
L'yurogne ne scet que couste eau,
Mais par ta foy si lon en parle
De ceste belle fille D'arle
Et ie te diray le pourquoy,
Il ne s'en fault qu'auoir de quoy
A plusieurs pour faire grant chere
Le pris est moindre qui lenchere

Quant dedans eſt le pate creux
E it il vray que dict ſongecreux
Que les femmes qui portent linge
Sont ſemblables a vng vieulx cinge
Au moins les noſtres par deça
Car faillit peu de temps en ça
Qu'elles ne ſoient eſcouees
Depuys que ſont treſbien couuees
Par vng tas de gourtz babouyns
Qui ſupplient pour les touyns
De queues a telles friandes
Laiſſons a part celles viandes
Puys que les langues d'yſopet
En ce temps ne vallent vng pet
Touteſſois puys que ie m'aduiſe
Des nouuelles deuers la bize,
Ie t'en veulx dire pour grant choſe
Mais ie ne ſcay coucher en proſe
Et les vers minent trop les mettres:
Les diſciples ſont ſur les maiſtres
Ainſi que diſent meſſieurs,
A tous honneurs tous meſſieurs
Dont i'en ſuys vng lieure eſcoſſoys
Aulx & oignons pour les Françoys
Et ſaulſe verd pour benefices
Lon ne ſouhaitte plus d'offices
Auſſi certes c'eſt temps perdu
Car tel a du treſor pendu

Qui vient ſon filz pour le deſpendre
Celluy n'eſt en riens a meſprendre
D'auoir en iouant les marmotz
Conſommer ſon bien en deux motz
De lane par ſimple commande
Mais ſçayz tu que Midas te mande
Que plus ne chantes a mynuyct
Car ton chanter aux maryz nuyſt
Quant par ton chant as eſueillee
La dame trop en ſa veillee
Faſcheuſe, en oſtant le linceul
Sur le deduict de ſeulle a ſeul
Teſmoing le grant iaſeur de crette
Recommande moy a ta creſte
Au regard du bec, tu l'as bon.
Eſcript au iour du premier bon
Pour peur de ne faillir la chaſſe
Adieu, ie m'en voys a la chaſſe.

Rondeau a noſtre Dame.

En temps obſcur eſtoille refulgente
Raid de ſoleil, aulbe du iour fulgente
Port de ſalut, allectante pucelle
Roze vernant, de Dieu mere & ancelle
Royne des anges, au pecheur indulgente
Tournez voz yeulx maternelle regente
Vers vous enfans, aidez a qui regente
Le parc de Dieu, & ſa ſaincte nacelle.
En temps obſcur.

Contre le cors d'eglise diligente.
G ens sans Raison de tout bien indigente
E t contre vous a mise sa parcelle
M onstrez vous mere, & que ayons paix par celle
Qui a le pouoir: la cause en est vrgente
En temps obscur.

Epitaphe de Martin.

CY gyst apres qui debout & assis
A uoit este martin de sens rassis.
I adis faisant d'honneur & gloire nombre
D ont maintenãt qu'en est il? rien que vng vmbre.
S on bruyt mourut quant Martin fut occis.

¶ Rondeau du Guay.

OYez le Guay, Petit mignon
M onsieur madame pimpellotte
A uec le clerc a la pellotte
N on faict, si faict, par santrignon
Villain vous trenchez de loignon
E t ne valez pas eschalotte
Oyez le Guay. &c.
Gros coquin oste le tignon
S i veulx auoir la bachellotte
D rinc drinc a mis en eschec l'hoste
M'amye leuez le groignon
Oyez le Guay. &c.

¶ Dizain de L'ymage de Venus armee. R. F.

VOus cheualier de la basse bataille
C anonizez de maint coup de faulcon

N e poulſez plus du court eſtoc ſans taille.
O ſtez les getz de voſtre vieulx faulcon.
V enus ie ſuis au viſaige facond
D e main d'ouurier faicte en ce temps armee
M ais non pourtant moins forte deſarmee.
P ar maintz combatz & chocz m'auez congneue,
C ar bien ſcauez que dans la mienne armee
V aincu vous ay tant de foys toute nue.

Le different de beaulte, force, & amour.

Dalida.

IE ſuis la belle Philiſtine
Qui par deceuable façon
Ay rendu foible Paleſtine.
P our raire le chef de Sanſon
N'eſt ce pas entiere raiſon
Quant lon eſt prins de belle face,
Que par fins tours & deſraiſon
I l n'eſt rien que femme ne face

¶ Sanſon.

Sanſon le fort en toute place
S ur tous les viuans appellé
V aincu d'amoureuſe fallace
L ors que ſur moy euſt rappelle
L e feminin, fus expelle
D e mon pouuoir par vne forpce
Qui me rendit tondu pellé
D ont i'en perdy yeulx, ſens & force.

¶ Venus.

Du fruict amer la doulce escorce
L on me dit,& si suys Venus
F orte plus que n'est vin de Corce
A cerueaulx foibles deuenuz.
V ers moy ceulx la sont bien venuz,
Q ui n'ont cure de loyaulte:
E t quant a moy sont aduenuz,
I e leur oste force & beaulté.

L'alphabet du temps present.

QVi veult apprendre l'alphabet
D u temps present,vienne a l'escolle
De monsieur maistre Iehan Fauet
Qui luy en baillera la colle
C'est celluy qui fort bien recolle
En disant qu'en tout l'A.B.C.
N'a bonne lettre sinon G.
Quant le maistre dit a.a.a.
L e disciple se prent a rire
D es oysons qui crient k k
C ar c'est le parler pour vous dire
D e chiabrena au pis le pire
I e treuue qu'en tout l'A.B.C
N'a bonne lettre sinon.G.
D.est vne mauuaise lettre
Q ui fait emprunter a vsure
B.vault beaucoup mieulx selon l'estre
Quant apres.C.prend sa mesure
T outesfoys quant bien ie mesure

En treſtout de mon A.b.C.
N'a bonne lettre ſinon G.
L.eſt vne lettre qui tranche
K N.bien graſſe eſt de ſaiſon
L.de chappon ſur la tranche
Faict bon prendre en bonne maiſon
M.ſans peche c'eſt raiſon
Qu'elle die qu'en l'A B.C.
N'a bonne lettre ſinon G.
Les Q Q.trouſſez gros & eſpaiz
Ont fort au iourdhuy le credit
Qui guerre font & poulſent petz
Et ont O pres le trou mauldit
P.bien faire lon leur a dit
Et leur maintiens qu'en l'A B. C.
N'a bonne lettre ſinon. G.
R.maint vng au temps preſent
Pour vng peu ſçauoir trop cuide
S.hereſie qui preſent
Nous faict de.vv.l'oultrecuide
Voyla le point eſt tout vuyde
Que certes en mon A b C
N'a bonne lettre ſinon G.
X.eſt la lettre venimeuſe
De filles a ieunes enfans
Mais touteſſois quoy qu'on y muſe
La lettre du Q.leur deffens
Ou cherront d'eſtre triumphans

D isans puis qu'en tout l'A B C.
N'a bonne lettre sinon G.
Q. faulse lettre detestable
A duisez cõment elle est faicte
T out ainsi faict par cas notable
D euenir ceulx qui en font feste.
N'y mectez plus vostre entrefaicte
M ais concluez qu'en A B C.
N'a bonne lettre sinon.G.

F I N.

¶Table des choses cõtenues en l'Adolescence Clementine.

℄ Les choses cõtenues aux Oeuures q ne sont de l'Adolescence.

Fin de la Table.

www.ingramcontent.com/pod-product-compliance
Lightning Source LLC
LaVergne TN
LVHW050510100826
845148LV00002B/289

* 9 7 8 2 0 1 2 6 7 5 8 1 0 *